Schimmel | Die Religion des Islam

Reclam Sachbuch premium

Annemarie Schimmel

Die Religion des Islam

Eine Einführung

Reclam

17. Auflage

RECLAMS UNIVERSAL-BIBLIOTHEK Nr. 14463
1990, 2023 Philipp Reclam jun. Verlag GmbH,
Siemensstraße 32, 71254 Ditzingen
Umschlagabbildung: Kaaba in der al-Harām-Moschee
im saudi-arabischen Mekka – © shutterstock.com / Sufi.
Gestaltung: Cornelia Feyll, Friedrich Forssman
Druck und Bindung: EsserDruck Solutions GmbH,
Untere Sonnenstraße 5, 84030 Ergolding
Printed in Germany 2023
RECLAM, UNIVERSAL-BIBLIOTHEK und
RECLAMS UNIVERSAL-BIBLIOTHEK sind eingetragene Marken
der Philipp Reclam jun. GmbH & Co. KG, Stuttgart
ISBN 978-3-15-014463-3
www.reclam.de

Inhalt

Vorbemerkung

Das vorliegende Bändchen ist aus einem Beitrag über den Islam erwachsen, den ich für den Sammelband Friedrich Heiler, *Die Religionen der Menschheit*, neu herausgegeben von Kurt Goldammer, Stuttgart: Reclam Verlag, 1980, geschrieben habe. Dieser wurde allerdings völlig überarbeitet und erweitert, besonders im Schlussabschnitt »Die neuere Entwicklung des Islam«. Ein Verzeichnis über die Aussprache, die Bibliographie und das Register wurden neu hinzugefügt.

Bonn, Herbst 1989 *A. S.*

»Im Namen Gottes«,
Inschrift in Flechtkufi

Die abendländische Erforschung des Islam

Unter allen Religionen, mit denen sich das Christentum auseinanderzusetzen hatte, ist der Islam die am meisten angegriffene, am meisten missverstandene gewesen. Die rund ein Jahrtausend anhaltende Bedrohung des Abendlandes durch islamische Mächte – beginnend von der Einnahme Spaniens durch die Araber zu Beginn des 8. Jahrhunderts, endend mit der Belagerung Wiens durch die Türken 1683 – hat dazu beigetragen, den Islam und seine Bekenner als Erzfeinde des Christentums anzusehen.

Zudem ist der Islam die einzige Weltreligion, die *nach* dem Christentum entstanden ist; von den frühen byzantinischen Apologeten an bis zu Adolf von Harnack (1851–1930) ist er deshalb oft als eine Häresie des Christentums hingestellt worden.

Das mittelalterliche Bild des Islam und seines Propheten Muḥammad zeigt ähnliche Züge; die Verzerrung geht so weit, dass man Muḥammad als Obergott ansehen, von der Anbetung seiner goldenen Statuen sprechen konnte – die Vorstellung von den »goldnen Mahomsbildern« hat sich bis in die romantische Dichtung gehalten.

Dass man eine Religion, die jeden Bilderdienst verwirft, deren Prophet sich überdies grundsätzlich nur als Mensch gefühlt hat, so verkennen konnte, beruht z.T. auf den mangelnden Sprachkenntnissen. Die Kenntnis des Arabischen als der kultischen Sprache des Islam wurde erst im späten Mittelalter für wichtig genug gehalten, um eigene Kurse dafür einzurichten – dem christlichen Klerus im islamischen Spanien freilich war die Sprache der Herrscher völlig geläufig gewesen.

1143 war die erste lateinische Koranübersetzung durch Robertus Ketenensis angefertigt worden; genau 400 Jahre später erschien, unter Luthers Zureden, ein Druck der lateinischen Übersetzung des heiligen Buches des Islam durch Bibliander in Basel, aus dem dann eine italienische, eine deutsche (1616, Salomon Schweigger) und eine holländische Übersetzung hergestellt wurden. Und in dieser Zeit begann man hie und da, sich auch ohne missionarische Interessen mit dem Arabischen zu befassen.

Trotz der wachsenden Vertrautheit mit der arabischen Geschichte und Sprache brachte das 16. und 17. Jahrhundert – z. T. unter dem Druck der Türkengefahr – weiterhin eine Reihe von Werken scharf polemischen Charakters heraus (abgesehen von den dichterischen Erzeugnissen dieser Art).

Eine neue Auffassung bricht sich in der Aufklärung Bahn, wo Henri de Boulainvilliers (1658–1722) zum ersten Mal Muḥammad als Prediger einer vernunftgemäßen Religion zeichnete. Die allgemeine Neigung dieser Epoche dürfte wohl Hermann Samuel Reimarus (1694–1768) am besten ausgedrückt haben, wenn er sagt: »Ich bin versichert, dass unter denen, die der türkischen Religion diese und jene Schuld geben, die wenigsten den Alcoran gelesen haben, und dass auch unter denen, die ihn gelesen haben, die wenigsten den Vorsatz gefasst haben, den Worten einen gesunden Verstand, dessen sie fähig sind, zu geben.«

Das 18. Jahrhundert sah auch die Koranübersetzung des Engländers George Sale (1734), der sachlicher urteilt als seine Vorgänger, und die erste deutsche Übersetzung aus dem Urtext, die auch von Goethe benutzte David Friedrich Megerlins (1772), sowie, ein Jahr später, die Übersetzung Friedrich Eberhard Boysens. Wie es der unermüdliche Johann Jacob Reiske (1716–74), der »Märtyrer der arabischen Literatur«, erstmals unternahm, die islamische Geschichte in die Universalgeschichte einzubauen, so ist die klassische, diese Periode der Auseinandersetzung des Abendlandes mit dem Islam abschließende Stellungnahme in Goethes »Noten und Abhandlungen zum West-östlichen Divan« zu finden, wo er vorsichtig und gerecht das Wesen nicht nur Muḥammads, sondern der islamischen Kultur in ihren Hauptformen, der arabischen und persischen, umschreibt.

Goethe stand freilich bereits am Ende einer Periode, in der – allen politischen und theologischen Fehden zum Trotz – der islamische Orient abendländische Kultur befruchtet hatte: literarische und musikalische Einflüsse sind im mittelalterlichen Spanien nachweisbar, wo auch die arabischen Naturwissenschaften das europäische Mittelalter mit unschätzbarem Material versorgten; sie sind in der Erzählkunst, den romantischen Schriften und Gedichten des Mittelalters erkennbar; die Kreuzzüge brachten kostbare Güter in den Okzident (noch zeugen Worte wie *Damast*, *Baldachin*, *Laute* und viele andere von deren arabischem Ursprung). Später waren es Reisende in das Osmanische Reich, nach Iran und in das Indien der Großmoghule, die wundersame Berichte vom Prunk und Reichtum dieser Länder mitbrachten und – wie die schleswig-holsteinische Expedition nach Iran 1639 – auch Werke persischer Literatur in Deutschland bekannt machten.

»Durch uns kommt Persien in Holstein eingezogen«, schrieb Paul Fleming. Und trotz der anti-türkischen schauderhaften Türkendramen Daniel Casper Lohensteins

(1635–83) wurde der Orient nun auch nicht nur als Heimat des Antichrist angesehen, sondern als Wunderland, dem die Märchen aus *Tausendundeiner Nacht* entstammten, die erstmals Anfang des 18. Jahrhunderts ins Französische übertragen wurden und von da an unzählige Dichter, Musiker und Maler inspirierten. Mit dem Ende des 18. Jahrhunderts werden dann erste Proben der klassischen Literaturen des Orients in Europa bekannt. Im deutschen Sprachgebiet war es das Verdienst Joseph von Hammer-Purgstalls (1774–1856), zahllose Werke aus dem Arabischen, Türkischen und vor allem Persischen übertragen zu haben: Es war seine Übertragung des vollständigen *Dīvāns* des Ḥāfiẓ (1812/13), die Goethe zu seinem *Divan* inspirierte. In Friedrich Rückert (1788–1866) dann liegt, zumindest für die deutsche Literatur, der Glücksfall vor, dass ein erstklassiger Orientalist zugleich Dichter war und der deutschen Sprache einen überaus reichen Schatz arabischer, persischer und indischer Dichtung anverwandelte. Doch dann beginnt die Spaltung in literarische Adaptionen und ernste wissenschaftliche Forschung.

Das 19. Jahrhundert kann als Beginn der wissenschaftlichen Orientalistik und Islamkunde gelten. Gotthold Weil versuchte 1843 das Leben des Propheten unter Scheidung der Tatsachen von späteren Legenden darzustellen. William Muir, Aloys Sprenger und D.F. Margoliouth zeigen starke Tendenzen, Muḥammads Bild negativ zu zeichnen; er wird als Hysteriker, Betrüger, bestenfalls als Sozialreformer dargestellt. Erst die grundlegenden Untersuchungen Ignaz Goldzihers über die Entwicklung der Tradition und die scharfsinnige Quellenscheidung, die dieser Gelehrte für die innerislamische Entwicklung einführte, haben neue Möglichkeiten des Verständnisses eröffnet. Auf Goldzihers und Christiaan Snouck-Hurgronjes Forschungen baut die wissenschaftliche Islamkunde auf und versucht, durch das Gewirr der Meinungen und Überlieferungen ein Bild von den Zielen des Propheten zu gewinnen – freilich gilt noch immer das Wort Carl Heinrich Beckers: »Wir wissen zu viel von Muḥammad, um ihn idealisieren, zu wenig, um ihm ganz gerecht werden zu können.«

Die Haltung der Orientalisten des 19. Jahrhunderts ist jedoch in jüngster Zeit vielfach kritisiert worden, in erster Linie von Edward Said, der, wie viele Gelehrte aus dem Nahen Osten, in den Arbeiten der Forscher – besonders der Briten und Franzosen – imperialistische Ziele sieht.

In den letzten Jahren sind nun eine große Menge von Arbeiten erschienen, in denen die Verfasser eine warme Sympathie für den Islam und vor allem seine mystische Seite gezeigt haben; die positive Haltung des Vatikanischen Konzils hat dazu beigetragen. Doch darf man auch überaus kritische und die gesamte frühislamische Geschichte auf eine andere Basis stellende Arbeiten, wie Patricia Crones *Hagarism* (1977), nicht übersehen.

Unsere Darstellung hält sich an die traditionelle Sichtweise der islamischen Geschichte.

Südarabien, durch seinen Reichtum berühmt, hatte zur Zeit, da Muḥammad geboren wurde (um 570 n. Chr.), seine Glanzperioden hinter sich. An die Stelle des alten Polytheismus waren jüdische und christliche Einflüsse getreten. Das eigentliche Arabien war noch ein Gebiet typisch primitiver Religion, in dem sich zahlreiche Stammesheiligtümer befanden: Bäume, Grotten und vor allem Steine wurden für heilig und machtgeladen gehalten; der allgemein semitische Steinkult hatte ein Zentrum in Mekka, wo der schwarze Stein in der Südwestecke der Kaʿba das Ziel jährlicher Wallfahrten war. Diese zu bestimmten Zeiten abgehaltenen Wallfahrten brachten der reichen Handelsstadt Mekka durch Messen und Märkte wirtschaftliche Vorteile; hier trafen sich im Schutze der heiligen Monate, in denen Kampf und Mord verboten waren, Vertreter aller arabischen Stämme. Um die Kaʿba wurden in bestimmter Kleidung die vorgeschriebenen Umlaufriten vollzogen.

An sich war das Leben der Araber zu jener Zeit (die vom Islam als *ǧāhilīya* »Unwissenheit« bezeichnet wird) wenig von religiösen Gedanken bestimmt. Die arabische Literatur des ausgehenden 6. Jahrhunderts lässt kaum auf tiefere religiöse Gefühle schließen; sie besingt vielmehr die Tugenden des Beduinen: Tapferkeit, grenzenlose Gastfreundschaft, Rache; das eigentlich erotische Moment tritt im Verhältnis dazu zurück. Die Frauen des Stammes dichteten Klagelieder auf die Gefallenen; die Priester an den Heiligtümern gaben ihre Wahrsagungen in dunkler Reimprosa. Schon zu jener Zeit ist das Arabische erstaunlich ausgebildet: in seiner den Stämmen gemeinsamen dichterischen Hochsprache hat es die Anlagen aller semitischen Sprachen aufs reichste entfaltet. Ein fast unerschöpflicher Wortreichtum verbindet sich mit äußerster syntaktischer Knappheit, und bereits damals liegt eine Reihe kunstreicher Metren vor. Die Vollkommenheit der vorislamischen arabischen Dichtung ist kaum je wieder erreicht worden – und die Sprache mit ihren scheinbar grenzenlosen Möglichkeiten war für den Islam vielleicht das Wertvollste, was er seinem arabischen Mutterboden entnehmen konnte. In der altarabischen Dichtung ist hin und wieder die Rede von Wandermönchen, vom Licht in der Eremitenzelle – das zeigt, dass christliche Motive nicht unbekannt waren. Lag doch das Land in den Einflusssphären Ostroms und Persiens, so dass leicht ein Kontakt mit jakobitischen und nestorianischen Christen möglich war. Geschlossene christliche Kolonien dürften im eigentlichen Arabien wohl kaum vorhanden gewesen sein; jüdische Gruppen gab es in der Nähe von Medina. Auch waren die Könige von Sabā in Südarabien um 500 zum Judentum übergetreten. Mancherorts fanden sich Männer, die, unzufrieden mit der herrschenden, inhaltslosen Religion, eine höhere Form des Glaubens suchten; die Araber bezeichneten sie als *ḥanīf*. Bei ihnen dürfte der Glaube an einen Hochgott, *Allāh* – der auch sonst in Arabien vorhanden war –, in den Mittelpunkt des Interesses gerückt sein; möglicherweise hatten sie durch Kontakt mit Christen oder Juden ihre Religiosität vertieft. Vielleicht wäre Arabien sogar, um die Wende des 6./7. Jahrhunderts, christlich geworden, wenn nicht Muḥammad aufgetreten wäre.

Muḥammad

Muḥammad war um 570 in Mekka als Angehöriger der Sippe Hāšim, einer Seitengruppe der Quraiš, geboren. Sehr früh verlor er seine Eltern und wurde bei seinem Oheim Abū Ṭālib aufgezogen. Wie die meisten seiner Landsleute widmete er sich dem Handel; bald heiratete er seine um einiges ältere Dienstherrin Khadīğa, die ihm mehrere Kinder gebar, von denen vier Töchter überlebten. Die Tatsache, dass Muḥammad bis zum Tode Khadīğas (als er selbst etwa 50 Jahre alt war) keine andere Frau geheiratet hat, dürfte gegen die immer wieder wegen seiner zahlreichen späteren Ehen erhobene Anklage übermäßiger Sinnlichkeit sprechen.

Im Alter von etwa 40 Jahren wurde Muḥammad in einer Höhle am Berge Ḥirā, wohin er sich öfters zurückzog, von Visionen überkommen; er rang sich zu der Überzeugung durch, dass ihm hier ein göttlicher Auftrag zuteil werde. In der 96. Sure des Koran wird der an ihn ergangene Auftrag *iqra'*, d. h. »lies, rezitiere«, festgehalten. Khadīğa stand ihrem Manne in der seelischen Krise, die diese Erlebnisse hervorriefen, getreu zur Seite.

Ein Gedanke beherrscht die ersten Verkündigungen Muḥammads: das nahende Endgericht. In jagenden kurzen Zeilen klingender Reimprosa, in sich überstürzenden Bildern wird das Hereinbrechen der Stunde, des Tages der Abrechnung, der Auferstehung angekündigt. Nahe steht diese Stunde bevor, in Kürze wird sie anklopfen und die in irdische Geschäfte verstrickten, Gott vergessenden Menschen aus ihrer Ahnungslosigkeit aufschrecken und Gott gegenüberstellen. Eine Naturkatastrophe wird das Gericht einleiten – Erdbeben, Feuer, Sonnenfinsternis –, vielleicht am gewaltigsten geschildert in der 81. Sure:

»Wenn die Sonne sich verschleiert und die Sterne verblassen,
Wenn die Berge schwanken, Kamelstuten sind verlassen,
Wenn die wilden Tiere sich rotten, wenn das Meer aufgejagt,
Wenn die Seelen sich paaren, wenn man die getöteten Töchter fragt,
Um welcher Schuld sie ermordet, wenn Rechnung ist vorgebracht,
Wenn der Himmel enthüllt ist, das höllische Feuer entfacht,
Wenn nahe der Paradiesgarten, dann erkennt die Seele, was sie gemacht ...«

(Übersetzung von Richard Hartmann)

Zu jener Stunde wird *Isrāfīl* die Trompete blasen, die Toten werden leiblich auferstehen und sich verwirrt über ihr Schicksal fragen; gewisse Prüfungen sind zu überstehen (s. S. 80), bis die Ungläubigen an Stirnlocken und Füßen weggeschleppt werden. In der Schilderung der Höllenstrafen erreicht der Koran nicht die ausschweifende Phantasie christlicher Apokalyptiker; erst spätere Volksfrömmigkeit konnte sich nicht genug tun in der Darstellung jeder Art von Strafen, von Feuerqualen und stinkendem heißen Wasser, von giftigen Bäumen, von körperlichen Züchtigungen. Aber Muḥammad ist nicht nur der Androher und Ermahner, sondern auch der Verkünder froher Botschaft: der Fromme, welcher Gottes Befehlen gemäß lebt, wird ins Paradies eingehen, wo Bäche von Milch und Honig in kühlen, duftenden Gärten fließen und jungfräuliche Geliebte ihn erwarten. Auch Frauen und Kinder haben an der Paradiesesseligkeit teil. In den von der christlichen Polemik besonders angegriffenen Paradiesesschilderungen geht der Koran nicht viel über die Farbigkeit ostkirchlicher Predigten hinaus.

Muḥammads Verkündigung wurde von den praktisch denkenden Kaufleuten nicht ernst genommen. Eine leibliche Auferstehung schien ihnen undenkbar und lächerlich – so werden im Koran zahlreiche Beweise für eine solche Auferstehung vorgebracht: Einmal kann es für Gott, der die Welt aus dem Nichts geschaffen hat, nicht schwer sein, die schon vorhandenen Teile wieder zusammenzusetzen; zum zweiten ist eine Wiederbelebung der – scheinbar – toten Wüste nach dem Regen ein Symbol für die Wiederbelebung der Menschen (gerade diese Beweisführung wird in der späteren Poesie immer wieder verwendet); schließlich kann die menschliche Zeugung ein Beispiel für Gottes Schöpfermacht geben. Und was das Endgericht anlangt, so sind die über sündige Völker des Altertums ergangenen Strafgerichte genügend Beweismaterial dafür: Die Offenbarungen der zweiten mekkanischen Periode befassen sich viel mit der Geschichte jener Völker, die ihre Propheten verworfen und deshalb ihre eigene Vernichtung heraufbeschworen hatten.

Aus dem Zusammenhang von Schöpfung und Gericht ergibt sich zwangsläufig, dass der Schöpfer und der Herr des Gerichts nur *eine* Person sein kann: der Glaube an den einen Gott, ohne Nebengötter, steht von früh an im Zentrum der Offenbarung. Die 112. Sure erklärt:

»Sprich: Gott ist einer. Er ist der Ewige. Er ist nicht gezeugt und Er hat nicht gezeugt. Ihm gleich ist keiner.«

Die jetzt vor allem gegen das christliche Trinitätsdogma angeführte Sure ist wahrscheinlich zuerst mehr gegen die arabische Vorstellung von »Töchtern Allahs« gerichtet gewesen.

Die Pflicht des Menschen ist es, sich von ganzem Herzen, ganzer Seele und ganzem Gemüte diesem einzigen Gott, dem Allmächtigen, dem Barmherzigen, dem Erbarmer (wie er zu Beginn jedes Korankapitels und weiterhin zu Beginn jeglicher Tätigkeit angerufen wird) hinzugeben: Das Wort *Islām* meint die völlige Hingabe an den Willen Gottes, und derjenige, der diese Hingabe zeigt, ist der *Muslim* (die Bezeichnung Mohammedaner wird nicht gern gesehen, da sie nach muslimischer Auffassung eine unrichtige Parallele zu der Selbstbezeichnung der Christen darstellt). Nur gewisse spätere mystische Strömungen bezeichnen sich »muhammadanisch«, um ihre absolute Treue zum Vorbild des Propheten anzudeuten. Der Muslim, der den *einen* Gott als Schöpfer und Richter anerkennt, weiß sich diesem verantwortlich; er glaubt an seine Bücher (Tora, Psalter, Evangelium, Koran), seine Propheten (von Adam über die Erzväter, Moses, Jesus und viele andere bis zu Muḥammad), an seine Engel und an den Jüngsten Tag, und führt in dem Bewusstsein der überall spürbaren Gottesgegenwart sein Leben entsprechend den göttlichen Geboten – die Erfüllung kultischer Pflichten und die Ausübung von Barmherzigkeit und Rechtlichkeit stehen als Forderungen Gottes nebeneinander, wie das Ritualgebet, *ṣalāt*, im Koran fast ständig mit dem Almosengeben, *zakāt*, verbunden ist. Aber dem in seinen Reichtum verstrickten, die religiösen Pflichten versäumenden Weltmenschen werden göttliche Strafen angedroht.

Muḥammad fühlte sich speziell als Prophet der Araber, die er warnen sollte, wie die Völker vor ihnen von Propheten gewarnt worden waren. Doch nur ein kleiner Kreis von Anhängern, meist aus niederen Klassen, sammelte sich um ihn. Unter dem Druck der Umstände wanderte ein Teil von ihnen nach dem christlichen Abessinien aus. Die Lage in Mekka verschärfte sich, als Muḥammad im Jahre 619 seine Frau und seinen ihn schützenden Oheim Abū Ṭālib verlor. Schließlich zeigte sich eine neue Möglichkeit: 621 kamen Leute aus dem nördlich gelegenen Jathrib, welche die Botschaft des Propheten vernahmen, und ein Jahr später wanderte er selbst – als letzter nach seinen Getreuen – nach Jathrib aus, das von nun an den Namen *Medina* (die »Stadt« des Propheten) trug.

Mit dieser Auswanderung, der *Hiğra*, lassen die Muslime zu Recht ihre Zeitrechnung beginnen – denn hier vollzieht sich eine entscheidende Entwicklung der Grundgedanken Muḥammads. Bis dahin hatte der Prophet sich als Fortsetzer der großen prophetischen Religionen, des Judentums und Christentums, gefühlt und war überzeugt gewesen, das Gleiche zu predigen, was auch sie lehrten. Geschichten, die aus der Bibel bekannt sind, finden sich, in verwandelter Form, im Koran; so enthält Sure 12 »die schönste Geschichte«, nämlich die von Joseph und der Liebe der (nicht namentlich benannten) Zulaikhā zu ihm – ein Thema, das ungezählte Dichter im islamischen Bereich inspiriert hat. Doch die Juden lehnten die im Koran vorkommenden, ihnen lückenhaft erscheinenden Darstellungen ab. Das führte Muḥammad zu der Überzeugung, dass die von den Juden vorgebrachten Geschichten gefälscht seien – echt seien allein die ihm offenbarten Worte; sein Glaube sei im Grunde älter als der der Juden: Es sei der reine Glaube Abrahams, welcher – über Ismail – als der Stammvater der Araber gilt und dem die Gründung des mekkanischen Zentralheiligtums zugeschrieben wird. Der reine Monotheismus, erstmals von Abraham gegenüber der alten Gestirnreligion vertreten, dann durch Juden und Christen verfälscht, sollte wieder im Islam lebendig werden. Als Folge dieser Eingebung wurde die Gebetsrichtung, die bis dahin Jerusalem gewesen war, nach Mekka orientiert – und damit war die Gewinnung seiner Heimatstadt wieder zu Muḥammads Ziel geworden. Acht Jahre nach seiner Auswanderung zog er dort im Triumph ein. Dazwischen lagen kleine Kämpfe, in denen eine gut organisierte muslimische Minderheit die Mekkaner besiegte. Mekka nahm seinen größten Sohn freundlich auf, und er ließ Milde walten. 632 starb er, nach Vollziehung der Wallfahrt, im Hause seiner Lieblingsfrau, der jungen ʿA'iša, deren Vater Abū Bakr zu seinem ersten Nachfolger gewählt wurde.

Die Offenbarungen, die aus den letzten Jahren seines Lebens stammen, sind breiter im Stil, die Reimprosa ist nur noch wenig deutlich, der ursprüngliche eschatologische Schwung ist verebbt, dafür nehmen kultische und institutionelle Fragen größeren Raum ein. Das ganze Leben ist mit Religion durchtränkt, und wie es keine Trennung zwischen staatlicher und religiöser Instanz gibt, so gibt es im Grunde auch keine profanen Handlungen – jedes Werk soll »im Namen Gottes« angefangen und in Verantwortung vor Gott ausgeführt werden. Der Mensch steht unmittelbar vor Gott; eine Priesterkaste existiert nicht.

Die Ausbreitung des Islam

Der Tod des Propheten stellte die junge Gemeinde vor schwere Probleme. Das Prophetenamt war abgeschlossen; die Offenbarungen (Sure 33,40) sprachen von Muḥammad als dem Siegel, dem letzten der Propheten. So blieb für seine Nachfolger, »Kalifen«, die Leitung der Gemeinde beim Gebet und im Krieg.

Die Gemeinde, *umma*, besteht aus den Gläubigen und ist, wie die Legende weiß, durch ihre Beziehung zu Muḥammad in besonderer Weise geschützt vor dem göttlichen Zorn: Denn, so heißt es, wenn beim Jüngsten Gericht jeder rufen wird: *nafsī, nafsī* »Ich selbst, ich selbst (brauche Vergebung)«, dann wird Muḥammad ausrufen *ummatī, ummatī* »Meine Gemeinde, meine Gemeinde« und wird ihr Fürsprecher sein.

Abū Bakr, der Schwiegervater des Propheten, war erfolgreich genug, die gleich nach Muḥammads Tode ausbrechenden Aufstände der freiheitsliebenden Beduinen, denen das islamische Steuersystem nicht gefiel, niederzuwerfen; unter seiner Herrschaft zogen die Heere bis in den südlichen Irak und nach Palästina. Aber erst unter seinem Nachfolger, dem gewaltigen ʿOmar (634–644), kam die Zeit der glänzenden kriegerischen Erfolge: 635 wurde Damaskus erobert, 639–641 Ägypten, 640–644 Persien gewonnen.

Nach der Ermordung ʿOmars führte ʿOthmān ibn ʿAffān die Eroberungszüge weiter; doch begann damals die Begünstigung des altmekkanischen Hauses Omayya, der früheren entschiedenen Gegner Muḥammads. ʿAlī, der Sohn von Muḥammads Oheim Abū Ṭālib und Gatte seiner jüngsten Tochter Fāṭima, erhob sich mit zwei Gefährten: 'Othmān wurde 656 bei der Lektüre des Koran, dessen endgültige Redaktion auf ihn zurückgeht, ermordet. Sein Nachfolger wurde 'Alī. Durch dessen Ermordung (661) war der Weg für Mu'āwiya und die omayyadische Dynastie frei, die, mit Hauptsitz in Syrien, im Geiste altarabischen Herrentums herrschte und unter der die Eroberungen der Araber bis zum Atlantik (691), Byzanz, Südspanien (711), Transoxanien (711) und Sind (711) vorbrandeten.

Beim Regierungsantritt des zweiten omayyadischen Herrschers, Yazīd (680), versuchte der jüngere Sohn 'Alīs, Ḥusain, noch einmal, die Macht für sein Haus zu gewinnen – war er doch der legitime Enkel des Propheten. Ḥusain und die Seinen wurden bei Kerbela geschlagen – sein Todestag, der 10. Muḥarram (1. Monat des islamischen Mondjahres), ist bis heute bei den Schiiten ein Passionstag, der zahlreiche Dichter zu rührenden Klageliedern, besonders in Persisch und Urdu, bewegt hat. Es ist dieses Passionsmotiv, das die schiitische Frömmigkeit zutiefst geprägt hat, und viele der Ereignisse in Iran – wie in den letzten Jahren die leidenschaftliche Teilnahme so vieler am Krieg gegen die »Feinde des Glaubens« – können daraus erklärt werden. Denn seit Jahrhunderten wurde in der Literatur und Volksfrömmigkeit der Kampf Ḥusains gegen die Omayyaden als Ausdruck der Sehnsucht nach Befreiung von ungerechten Herrschern und, später, von Fremdmächten empfunden.

In Mekka erhob sich ein Gegenkalif, 'Abdullāh ibn Zubair, der Sohn eines angesehenen Prophetengenossen. Im Irak, wo die Partei 'Alīs, die *Šī'a*, ohnehin am stärksten war, entwickelten sich unter dem Einfluss al-Mukhtārs erstmals Lehren über die Wiederkunft eines jetzt in der Verborgenheit lebenden Nachkommens ʿAlīs. Dort spitzte sich auch das Verhältnis zwischen den arabischen Eroberern und den *Mawālī*, den zum Islam bekehrten und an einen arabischen Stamm als Klienten angeschlossenen Nichtarabern, zu; diese verlangten mit Recht die vom Islam zugesicherte Gleichheit aller Gläubigen.

Diese Strömungen ausnutzend, wuchs eine Bewegung, welche die Kalifenwürde für die Angehörigen der Sippe Muḥammads forderte. Geschickt benutzten ihre Propagandisten die alidenfreundliche Stimmung, um schließlich den Nachkommen eines Oheims des Propheten, ʿAbbās, zum Herrscher auszurufen. Der letzte Omayyadenspross floh nach Spanien, wo er 756 ein Reich gründete, das sich bald ausdehnte und die feinsten Blüten arabischer Kultur in Dichtung und Kunst zeitigte. Das spanisch-omayyadische Reich, das seine höchste Blüte unter ʿAbdur Raḥmān III., dem Erbauer der gewaltigen Moschee von Cordova, erreichte, bestand bis 1031. Von den in dieser Zeit entstehenden Kleinstaaten konnte sich einer, das Reich der Banū Aḥmar in Granada, bis 1492 halten; das letzte Werk spanisch-arabischer Kunst ist die Alhambra.

Die abbasidischen Herrscher bemühten sich, den äußeren Anforderungen des Islam gerechter zu werden als ihre Vorgänger. Das von ihnen beherrschte Reich war nun nicht mehr ein arabisches, sondern ein islamisches. Schon die Verlagerung der Hauptstadt von Damaskus nach Kufa und bald nach Bagdad (756) gab persischen Einflüssen Raum, und als die äußere Macht der Kalifen nachließ, waren es türkische Söldner, die das Reich stützten und schließlich eigene Staaten errichteten. Seine Glanzzeit erlebte Bagdad unter Hārūn ar-Rašīd (786–809), dem aus den Märchen von *Tausendundeine Nacht* wohlbekannten Herrscher; unter seinem zweiten Sohn Ma'mūn (813–833) beginnt die Zeit der Übersetzungen griechischer naturwissenschaftlicher und philosophischer Werke, die einen ungeahnten Einfluss auf die Entwicklung der islamischen Wissenschaften ausüben und später wiederum durch Vermittlung der Araber in bereicherter Form dem Westen zugänglich gemacht werden sollten. Aber schon bald machten sich in den Randstaaten die Fürsten selbständig und ließen sich nur noch offiziell vom Kalifen mit ihrem Gebiet belehnen; 932 nannte sich Mu'izz ad-daula, der Gründer des persischen schiitischen Hauses der Buyiden, erstmalig *Sulṭān*.

In Ägypten ging 969 die Macht an die schiitischen Fāṭimiden über, die von Nordafrika eindrangen. Im äußersten Osten dehnte Maḥmūd von Ghazna seine Feldzüge nach Nordwestindien aus; 1026 wurde Lahore zur Hauptstadt des Ghaznawidenreiches im Subkontinent, und von hier aus entwickelte sich eine überaus reiche persische Literatur in Indien, deren Einfluss bis Bengalen reichte. Kurz zuvor hatte, vor allem dank dem persischen Fürstenhaus der Samaniden in Khorassan, eine neue Blüte des Persischen als Literatursprache begonnen.

Währenddessen drangen türkische Gruppen nach Iran und dem Irak vor, und im Jahre 1055 übernahm der Seldschuke Togrilbek die Vormundschaft über den schwachen Abbasidenkalifen. Damit war die Grundlage für eines der wichtigsten Staatengebilde im Nahen Osten gegeben: das seldschukische Reich, das in Persien eine neue große Periode der Kunst herbeiführte und dann (1071) den Weg nach Anatolien öffnete. Dort bildete sich das Reich der Rūmseldschuken, deren prachtvolle Moscheen, Medresen, Grabbauten noch heute in Erzerum, Sivas, Kayseri und vor allem in Konya zu bewundern sind – Letzteres war die Residenz dieser Fürsten, deren Reich sich bis zur anatolischen Südküste ausdehnte. Aber der Mongolensturm, der 1258 das Abbasidenreich vernichtete, drang auch nach Anatolien vor, und das rūmseldschukische Reich zerfiel; aus den zahlreichen selbständigen Herrschaften erhob sich bald das Geschlecht der Osmanen. 1326 eroberten sie unter dem zweiten Fürsten ihres Hauses, Orhan, das Gebiet von Bursa, das eine Weile kultureller Mittelpunkt ihres Reiches wurde, ehe sie nach Edirne (Adrīanopel) übersiedelten, welches bis zur Eroberung Konstantinopels (1453) ihre Residenz blieb.

Das Mongolenreich, dessen Herrscher erst um 1300 zum Islam übertraten, brachte neue Impulse in das nun einer Zentralmacht beraubte zentralislamische Gebiet; in seiner Nachfolge entstanden kleinere Fürstentümer, und der türkstämmige Timur (Tamerlan, gest. 1405) unterwarf sich noch einmal Iran, Teile Anatoliens und Nordwestindiens. Doch trotz seiner Grausamkeit war er an Künsten und Literatur interessiert und schmückte seine Hauptstadt Samarkand mit großartigen Bauten, wie seine Nachfahren, vor allem der in Herat herrschende Zweig, Baukunst, Miniaturmalerei und Kalligraphie pflegten. In Ägypten war 1171 die fatimidische Dynastie von der kurdischen Familie der Ayyubiden abgelöst worden, deren berühmtester Vertreter, Ṣalāḥuddīn (Saladin), durch seine wichtige Rolle in den Kreuzzügen auch in Europa als gerechter edler Fürst bekannt geworden ist. Eine Heirat der Witwe des letzten

Ayyubiden mit ihrem türkischen Heerführer führte 1250 zur Gründung der Mamlukendynastie – der kraftvolle Baibars war es, der 1260 die Mongolen in Syrien zum Stehen brachte. Während im ersten Teil der Mamlukenherrschaft – bis 1382 – die Krone oft vom Vater auf den Sohn überging, ist in der zweiten Periode fast immer Sultanswahl üblich; der Herrscher ging aus den aus Russland oder Zentralasien eingeführten Militärsklaven (das bedeutet hier *Mamlūk*) hervor, die in einem langen komplizierten Ausleseprozess durch verschiedene Ämter aufsteigen konnten. Die durch ihre großzügige Bautätigkeit beachtenswerte Mamlukenepoche nahm mit dem Sieg der Osmanen über die syrisch-ägyptischen Heere bei Marǧ Dābiq nördlich Aleppo 1516 ein Ende.

Wie sich die osmanische Macht einerseits bis Ägypten und zu den heiligen Stätten Mekka und Medina vorschob, so erlebte sie unter Süleyman dem Prächtigen (1520–56) eine weitere Ausdehnung nach Westen, bis vor die Tore Wiens; und in der Hauptstadt Istanbul selbst wurden durch Meister Sinān die vollendetsten Moscheen geschaffen. Auf der anderen Seite setzten sich in Iran die schon seit längerer Zeit bemerkbaren schiitischen Bestrebungen vollends durch, und mit der Thronbesteigung des Safavidenherrschers Ismail im Jahre 1501 wurde die Zwölfer-Šīʿa (s. S. 89 f.) zur Staatsreligion erhoben. Damit wurde ein schiitischer Keil zwischen das sunnitische Osmanische Reich im Westen und das zumindest anfangs deutlich sunnitische Moghulreich in Indien geschoben, und diese politisch-religiöse Situation kann viele Entwicklungen im Mittleren Osten und die besondere Rolle Irans bis zu unserer Zeit erklären helfen.

Denn der junge, unternehmungslustige Nachfahr Timurs, Bābur aus der Farghana, gründete ein neues, mächtiges Reich in Nordwestindien, wo es schon seit den Einfällen Maḥmūds von Ghazna nach 1000 verschiedene muslimische Fürstentümer gab, die sich bis nach Ostbengalen und dem Dekkan ausdehnten. Bābur überwand die Lōdī-Herrscher von Delhi (1526) und wurde zum Gründer des Moghulreiches, das rund drei Jahrhunderte bestand. Freilich hat erst sein Enkel Akbar (1556–1605) in einer langen und glücklichen Regierung dem Reich seine eigentliche Gestalt gegeben; er ist auch durch seine religiöse Toleranz, seine freie Zusammenarbeit mit Hindus, Christen und Parsen sowie durch seine Förderung künstlerischer Bestrebungen besonders wichtig für die Formung des indischen Islam. Akbars Sohn Ǧahāngīr und sein Enkel Šāh Ǧahān haben die Toleranzpolitik mehr oder minder fortgesetzt; Prinz Dārā Šikōh, der Sohn Šāh Ǧahāns, hat sich durch sein Interesse für die religiöse Literatur der Hindus einen Namen erworben. Die schönsten Baudenkmäler Nordwestindiens, wie der Tāǧ Mahall, das Grabmal der Gemahlin Šāh Ǧahāns, stammen aus dieser Periode, die dann freilich durch die starre Politik des orthodoxen Kaisers Aurangzēb (1658–1707) ein Ende fand. Die Einfälle des Perserfürsten Nādir Šāh (1739) und militärische Expeditionen seines Nachfolgers Aḥmad Šāh Durrānī, das politische und militärische Erwachen der Hindus und Sikhs, der wachsende Einfluss der Briten führten endlich zum völligen Zusammenbruch (1857). Der Islam jedoch breitete sich im indisch-indonesischen Raum langsam aber sicher aus, auch in Zeiten des politischen Verfalls, und heutzutage lebt etwa die Hälfte aller Muslime in diesem Bereich;

von dort aus sind auch die ersten modernistischen Bewegungen im 19. Jahrhundert ausgegangen. Die starke und sehr aktive Gruppe zentralasiatischer und chinesischer Muslime wie das ständige Vordringen des Islam in West- und Ostafrika darf nicht übersehen werden.

Vom 17. bis 19. Jahrhundert lässt sich vielfach eine mit dem politischen Niedergang und wichtigen Gebietsverlusten zusammengehende geistige Stagnation bemerken, in der jedoch Keime einer Neuinterpretation des Islam, erste Versuche zur Selbstidentifikation sichtbar werden. Das 19. Jahrhundert führt einzelne islamische Völker wieder zur tieferen Selbstbesinnung, und mit voller Macht bricht nach dem Ersten Weltkrieg der Nationalismus in der islamischen Welt auf. Er hat bis heute zur Bildung einer Reihe selbständiger Staaten geführt, von denen sich einer »Islamische Republik Pakistan« nennt, während die Türkei absoluten Laizismus zur Grundlage ihres neuen Staatswesens gemacht hat (obgleich das Volk noch völlig muslimisch fühlt). Daher ist es für den Kenner der türkischen Mentalität nicht erstaunlich, dass sich in letzter Zeit wiederum »fundamentalistische« Bewegungen im Lande zeigen, die freilich zu Spannungen mit der laizistischen Verfassung und Lebensform führen.

Der Koran und seine Lehre

Die wichtigste Grundlage dieser Religion ist der Koran (*qur'ān* »Rezitation«), der für den frommen Muslim nicht das Wort eines Propheten, sondern das unverfälschte Wort Gottes ist, das lediglich durch das Instrument Muḥammad in klarer arabischer Sprache vernehmbar wurde. Der Urkoran, der im Himmel auf einer »wohlverwahrten Tafel« verborgen ist, hat sich einmal manifestiert in diesem Buche, das zu berühren nur dem rituell Reinen gestattet und das zu rezitieren die erhebendste und erbaulichste Beschäftigung ist – selbst wenn man, wie es den meisten nicht-arabischen Gläubigen geht, die Worte nicht versteht. Denn da es sich um das göttliche Wort im überragenden Sinn handelt, hält es der Muslim für undenkbar, den Koran in irgendeine Sprache zu übersetzen; noch eine neue englische Übertragung nennt sich *The Meaning of the Glorious Koran*, weil sie nur den Sinn wiederzugeben trachtet.

Der Stil des Koran ist nach islamischer Auffassung unnachahmbar und enthält nicht nur übermenschliche Schönheit und die Lösung aller Probleme, sondern auch in der Anordnung seiner Verse, seiner Buchstaben liegen ungeahnte göttliche Geheimnisse beschlossen. Das Fehlen einer einigermaßen kongenialen Übersetzung des Koran in irgendeine westliche Sprache erschwert es dem Normalleser sehr, zu begreifen, warum Millionen und Abermillionen von Muslimen seit 1400 Jahren diesem Werk eine so große Rolle beimessen – was bewegt den Muslim so tief, wenn er dieses Buch rezitiert, seine Verse geschrieben sieht, ja es nur berührt? Goethe sagt: »Der Stil des Koran ist seinem Inhalt und Zweck gemäß streng, groß, furchtbar, stellenweise wahrhaft erhaben.« Dies gilt besonders für die ältesten Offenbarungstexte. Auch ist die jetzige Anordnung nicht chronologisch; als die heiligen Texte unter dem Kalifen ʿOthmān zusammengestellt wurden, ordnete man sie der Länge nach in absteigender Ordnung (die Kapitel werden als *Sūra* »Sure« bezeichnet). So stehen die kurzen ältesten Gerichtsdrohungen ziemlich am Ende des Koran. Lediglich als Einleitung ist ein kurzes Gebet gewählt worden, die *Fātiḥa*, »Die Eröffnende«, welche das meistrezitierte, etwa dem christlichen Vaterunser entsprechende Gebet ist:

»Lob sei Gott, dem Herren der Welten,
Dem Barmherzigen, dem Erbarmer,
Dem König des Gerichtstages.
Dich beten wir an, und zu Dir flehen wir um Hilfe,
Führe uns den geraden Weg,
Den Weg derer, denen Du gnädig bist,
Nicht derer, denen Du zürnst, und nicht der Irrenden.«

Nach der Sure des Einheitsbekenntnisses (112) sind zwei abschließende Gebetsformeln gesetzt, in denen um Schutz vor bösen Menschen und Geistern gefleht wird. Die so zustande gekommenen 114 Suren tragen kurze Überschriften (»Die Kuh«, »Der Stern«, »Die Rennenden« usw.), welche jedoch nicht ursprünglich sind. Vor der Rezitation jeder Sure bzw. des einzeln rezitierten Verses ist eine Schutzformel gegen den Satan und die *basmala* (»Im Namen Gottes des Barmherzigen, des Erbarmers«) zu sprechen. Die *Fātiḥa* und eine Reihe der kurzen Suren werden täglich beim Gebet rezitiert; gewissen Suren werden besondere

Kräfte zugeschrieben (so der 36., *Yāsīn*, die vor allem für Verstorbene rezitiert wird). Bestimmte Verse sind besonders zum Schmuck von Moscheen und kunstvoll geschriebenen Tafeln beliebt oder gelten, wie z.B. der Thronvers (2,256), als schutz- und segenbringend:

> »Gott – es gibt keinen Gott außer Ihm, dem Lebendigen, dem durch Sich Selbst Ewigbestehenden! Schlummer und Schlaf ergreifen Ihn nicht. Sein ist, was im Himmel wie auf Erden ist. Wer könnte bei Ihm Fürsprache einlegen ohne Seine Erlaubnis? Er weiß, was vor und hinter ihnen ist, und sie begreifen nichts von Seinem Wissen, außer was Er will. Sein Thron umfasst Himmel und Erde, und ihre Erhaltung ist keine Last für Ihn. Und Er ist der Hohe, der Erhabene.«

Der einzelne Koranvers wird als *āyat* (»Zeichen«) bezeichnet, da Muḥammad diese Verse als göttliche Wunderzeichen vorwies, als seine Gegner von ihm Wunder verlangten. Einzelne Verse sind durch spätere Offenbarungen überholt, aber trotzdem im Koran stehengeblieben, woraus sich gewisse Widersprüche ergeben.

Die Stellung des Menschen wird im Koran mehrfach umschrieben: einerseits ist er höher als alle Geister – denn Gott hauchte Adam von Seinem Odem ein (Sure 15,29; 38,72) und befahl am Schöpfungstage den Engeln, sich vor Adam niederzuwerfen, da er diesen zum Statthalter auf Erden machen wollte; Satan, der sich weigerte, wurde daraufhin gestürzt. Die erste Sünde des Menschen hat keine ansteckende Wirkung (entgegen der christlichen Erbsündenlehre), der Mensch ist von Natur gut und ändert sich erst durch Umwelteinflüsse. Die absolute Bindung des

Menschen an Gott hingegen wird in den schönen Worten der 7. Sure symbolisiert: Vor Erschaffung der Welt, in der Urewigkeit, zog Gott die Menschheit einen Augenblick aus den Lenden des noch nicht geschaffenen Adam und fragte sie: »Bin Ich nicht euer Herr?« Sie sprachen: »Ja, wir bezeugen es« (7,171). Durch diesen Akt hat die gesamte Menschheit ihren Gehorsam gegenüber Gottes Befehlen ausgedrückt und seine Ratschlüsse im Voraus angenommen und kann sich am Gerichtstag nicht mit Unwissenheit entschuldigen. Dieser Vers ist zu einem Lieblingsthema mystischer Meditation und Dichtung geworden. Ja, es war der Mensch, dem Gott etwas anvertraut hat (*amāna*), das er Himmel und Erde anbot, die es aber nicht annahmen; doch der Mensch, trotz seiner Schwäche und Unwissenheit, nahm es auf sich (Sure 33,72). Was dieses »anvertraute Gut« ist, darüber streiten sich die Gelehrten: Ist es der Gehorsam, der Glaube, die Gottesliebe, die Verantwortung oder die menschliche Individualität, der unzerstörbare Seelenkern?

Und der Mensch ist aufgerufen, nachzudenken, wenn er die Zeichen sieht, die Gott »in den Horizonten (d.h. der Welt) und in ihnen selbst« (Sure 41,53) gesetzt hat: Beobachtung von Geschichte und Seele, von Natur und Kultur sollen den Menschen weiterführen.

Der Koran, dessen spätere Teile so manche irdischen Befehle, Anordnungen über das tägliche Leben und über die staatliche Ordnung enthalten, ist durch die Jahrhunderte das Zentrum aller Studien gewesen. Aus der Beschäftigung mit seiner Sprache entwickelte sich die Grammatik und Rhetorik, der Glaube an seine Unübersetzbarkeit zwang die den Islam annehmenden Nationen,

Arabisch zu lernen oder sich zumindest mit der arabischen Schrift vertraut zu machen – das hatte fast unübersehbare Folgen für das Persische, Türkische, die islamischen Sprachen und Literaturen Indiens, Zentralasiens und Afrikas. Koranisches Sprachgut ist bis heute auch den nichtarabischen Völkern in Dichtung und Umgangssprache geläufig. Der Wunsch, den Koran möglichst wohlklingend vorzutragen, führte zur Entwicklung der Koranlesekunst; schon bei der gewöhnlichen Aussprache sind gewisse Feinheiten zu beachten; meist aber wird der Koran in bestimmten Tonfolgen in einer Art psalmodierendem Gesang vorgetragen. Der *Ḥāfiẓ*, der den Koran auswendig kann, ist hochangesehen; Knaben mit schöner Stimme werden gern früh in die Moschee geschickt, um das Heilige Buch auswendig zu lernen. Um der Heiligkeit des Gotteswortes auch sichtbaren Ausdruck zu verleihen, wird es im Hause an einem möglichst hohen Ort aufgestellt oder aufgehängt, so dass kein Buch über ihm stehen kann.

Für den Gläubigen gelten fünf Pflichten, die »Säulen« des Islam, von denen die erste, das Glaubensbekenntnis, eigentlich die Basis für die anderen ist. Wer öffentlich bekennt »Ich bezeuge, dass es keine Gottheit außer Gott gibt und dass Muḥammad der Gesandte Gottes ist« (*ašhadu anna lā ilāha illā'Llāh Muḥammad rasūl Allāh*), hat damit den Islam angenommen. Der Satz findet sich nicht in genau dieser Form im Koran. Ein ausführliches Credo hat sich im Laufe der ersten Jahrhunderte entwickelt, um den Islam gegen die von außen kommenden Einflüsse abzugrenzen. Darin ist, wie der Koran fordert, der Glaube an die vorausgehenden Propheten eingeschlossen; Muḥammad ist der letzte von ihnen, der die abschließende, die früheren Offenbarungen korrigierende Offenbarung gebracht hat. Er selbst wollte nur ein »Knecht, dem offenbart ward« sein – doch aus der Andeutung einiger wundersamer Ereignisse im Koran (seine nächtliche Himmelsreise, Sure 17,1; die Mondspaltung, Sure 54,1) wurde ein reicher Legendenkranz entwickelt, und im Laufe der Zeit erreichte der Prophet den Status des »Vollkommenen Menschen«, *insān kāmil*, und wurde zum Zweck und Ziel der Schöpfung erklärt, wie das außerkoranische Gotteswort sagt: *laulāka, laulāka, mā Khalaqtu'l-aflāka* »Wenn du nicht wärst, wenn du nicht wärst, hätte Ich die Welten nicht geschaffen«. Die Muslime haben immer daran festgehalten, dass es eigentlich die zweite Hälfte des Glaubensbekenntnisses ist, durch die der Islam als eigene Religion definiert wird: Die Einheit Gottes bekennen konnten viele, aber Muḥammad setzt die praktischen Akzente; ihm zu gehorchen heißt, den im göttlichen Gesetz geoffenbarten Willen Gottes zu tun.

Neben dem Glaubensbekenntnis sind die Säulen des Islam: das Pflichtgebet, das Almosengeben, das Fasten im Monat Ramaḍān und die Wallfahrt nach Mekka.

Das Almosengeben (*zakāt*) ist eine genau geregelte Steuer, deren Erträgnisse (nach Koran 9,60) zu verwenden sind für Arme, Bedürftige, die Steuern einziehenden Beamten; für solche, deren religiöser Eifer gestärkt werden soll, für Sklaven, die sich selbst freikaufen wollen, für Schuldner, die durch Schulden für ein gutes Werk Not leiden, und *fī sabīl Allāh* »auf dem Wege Gottes«, d.h. für verschiedene Zwecke, besonders zur Hilfe an notleidende Reisende. Auch ist die *zakāt* (wie letzthin in Pakistan) zum Aufbau religiöser Schulen verwendet worden. Die *zakāt* ist, wenn sie richtig durchgeführt wird, durch eine gerechte Besteuerung der Reichen und Fürsorge für die Armen ein Schutzmittel gegen Kapitalismus und Kommunismus, wie es nicht nur moderne muslimische Denker (Sir Muḥammad Iqbāl), sondern auch christliche Gelehrte auffassen (Louis Massignon, Kenneth Cragg).

Das Fasten dürfte heute die am strengsten eingehaltene Glaubenspflicht sein, obgleich es vielleicht die schwerste ist. Während des ganzen Ramaḍān, des 9. Monats des islamischen Mondjahres von 354 Tagen, darf von Morgengrauen, wenn man einen schwarzen von einem weißen Faden unterscheiden kann, bis Sonnenuntergang nicht gegessen, getrunken, geraucht, kein Wohlgeruch genossen, kein Geschlechtsverkehr gepflegt werden. Die Absicht, das Fasten zu halten, muss jeden Morgen vor Sonnenaufgang neu formuliert werden. Reisende, Greise, Schwangere, Säugende und Kranke brauchen das Fasten nicht zu halten, doch haben sie es nachzuholen oder eine entsprechende Sühne (z.B. Speisung von Armen) zu leisten. Manche Modernisten, wie Präsident Bourghiba, haben versucht, industrielle und sonstige Arbeit als »Heiligen Krieg gegen Hunger und Armut« zu erklären und damit der arbeitenden Bevölkerung Erleichterung von den Bedingungen des Fastens zu verschaffen, da man im Kriege kein Fasten zu halten braucht. Da der Ramaḍān durch alle Jahreszeiten wandert, ist die Anstrengung im Sommer besonders groß, wenn in orientalischer Hitze kein Tropfen Wasser gestattet ist. Das Gleiche gilt für die in nördlichen Ländern lebenden Muslime, für die die langen Sommertage ein besonderes Problem darstellen; ein Ausweg ist, als Zeit des Fastenbrechens den Sonnenuntergang des nächsten muslimischen

Landes (in Deutschland also der Türkei) als Ende des Tages zu akzeptieren. Nach dem Fastenbrechen bei Sonnenuntergang pflegt man gern ein aus 33 *rak'ah* (s. S. 39) bestehendes Gebet (*tarāwīḥ*) zu verrichten; vor Morgengrauen wird in der Regel noch eine Mahlzeit verzehrt. In der Türkei halten heutzutage viele, die kein Gebet verrichten, doch das Fasten, oder bemühen sich wenigstens, einige Tage zu fasten, besonders an dem der *lailat al-qadr* vorausgehenden Tag, einer der letzten fünf ungeraden Nächte, meist am 27. Ramaḍān – in dieser Nacht soll der Koran erstmals offenbart worden sein (Sure 97). In dieser Nacht, so glaubt man, ist die Welt mit göttlichem Licht erfüllt. Das Fest des Fastenbrechens beim Erscheinen des Neumonds ist das im Volk am sehnsüchtigsten erwartete Fest, an dem alles geschmückt wird und man sich beschenkt.

Für die Pilgerfahrt nach Mekka sind altarabische Riten übernommen worden. Sie ist, wie das Fasten, an bestimmte Zeiten gebunden und findet im letzten Mondmonat statt. Die Pilger legen in bestimmtem Abstand von Mekka ein Pilgergewand aus zwei ungenähten Tüchern an und grüßen den heiligen Bezirk mit dem Ruf *labbaika* »Hier bin ich, zu Deinen Diensten!«. Zu den auszuführenden Riten gehört das Umkreisen der Ka'ba, das Verweilen auf dem Hügel 'Arafāt, ein siebenmaliger Lauf zwischen den beiden, jetzt durch Arkaden verbundenen Hügeln Ṣafā und Marwa, die »Steinigung des Satans«, indem dreimal sieben Steinchen auf eine bestimmte Stelle geworfen werden. Am 10. des Monats schlachtet jeder Pilger ein Schaf (auch die Daheimgebliebenen tun das) und kann aus dem Weihezustand, in welchem ihm Haarschneiden, Jagd, Kampf und Sex verboten waren, in den gewöhnlichen Zustand zurückkehren. Die Pilgerfahrt soll nur dann ausgeführt werden, wenn der Betreffende gesund ist und ohne Belastung seiner Familie, ohne Schulden die weite Reise unternehmen kann – ein Zeichen für den Realismus des Islam. Zweifellos trägt das Zusammensein von Muslimen aus aller Herren Länder in Mekka, der gemeinsame Gottesdienst am Zentralheiligtum, viel dazu bei, das Gemeinschaftsgefühl der Muslime zu stärken. Ebenso wichtig ist es, daran zu denken, dass fast alle Reformbewegungen in den Randgebieten der islamischen Welt Ergebnisse der Pilgerfahrt waren: Fromme aus Bengalen und Nigeria, aus Marokko oder Zentralasien, die eine Weile in Mekka gelebt hatten und dort den »reinen arabischen Islam« erlebten, kehrten in ihre Heimat zurück, um die dort herrschenden zahlreichen fremden Sitten und Unsitten zu bekämpfen und ihre Landsleute an den *echten* Islam zu erinnern. Auch ist die Inspiration großer theologischer und mystischer Werke, wie etwa der *Futūḥāt al-makkiyya* des Ibn 'Arabī (gest. 1240) in Mekka bezeugt.

Die für das tägliche Leben wichtigste und das äußere Bild der islamischen Welt am stärksten formende Kraft ist das Pflichtgebet (*ṣalāt*, pers.-türk. *namāz*). Hat man doch gesagt: »Zwischen Glauben und Unglauben liegt das Aufgeben des Pflichtgebetes«. Es wird fünfmal am Tage verrichtet, die fünf Gebetszeiten verteilen sich von der Stunde vor Sonnenaufgang über Mittag, Nachmittag, nach Sonnenuntergang und Einbruch der Nacht. Der Koran kennt keine Zahl der notwendigen *ṣalāt*, doch dürften auch damals schon die fünf Gebete gebräuchlich gewesen sein, die in Zusammenhang mit Muḥammads nächtlicher Himmelfahrt gebracht werden. Der Koran hebt die Wichtigkeit des nächtlichen Gebetes hervor, das sich freilich als Pflicht nicht durchgesetzt hat. Jedes einzelne Gebet beginnt mit der Formulierung der Absicht (*niyya*), z. B. das Abendgebet zu verrichten; eine *rak'ah* besteht aus dem Aufrechtstehen und Aussprechen des *Allāhu akbar* (»Gott ist größer«), der *Fātiḥa*, der Beugung des Oberkörpers, Wiederaufrichtung, Niederwerfung, Hocken, nochmaliger Niederwerfung; zum Abschluss des Gebetes, das aus einer bestimmten Anzahl von *rak'ah* (z. B. Morgengebet 4, Nachtgebet 2; alle zusammen 17) besteht, wird in hockender Stellung das Glaubensbekenntnis, der Segen über den Propheten und für die Gläubigen sowie die Absicht zur Beendigung des Gebetes gesprochen. Durch zusätzliche *rak'ah* kann das Gebet verlängert werden.

Zum Gebet wird vom *Mināret* der Moschee gerufen; in langgedehnten Kadenzen tönt der Ruf, dessen Hauptbestandteil das Glaubensbekenntnis ist, über die Dächer – heute wird er durch Lautsprecher verstärkt. Ist er verklungen, so begibt sich der Gläubige zur Waschung. Er kann das Gebet allein an jedem reinen Ort oder in der Gemeinschaft in der Moschee verrichten; hier wie dort aber ist absolute Reinheit Bedingung. Nach jeder kleinen Verunreinigung (durch aus dem Körper gehende feste, flüssige und gasförmige Stoffe, Schlaf und Ohnmacht) ist die kleine Reinigung erforderlich, bei welcher Gesicht und Vorderkopf, Arme bis zum Ellenbogen, Füße bis zu den Knöcheln unter fließendem Wasser, das noch niemand berührt hat, gewaschen werden. Die Einzelheiten der Waschung, im Laufe der Zeit genau festgelegt, werden vom Aufziehen des Wassers durch die Nase bis zur Fingerhaltung beim Reinigen der Ohren genau beachtet, jede der

Bewegungen wird von bestimmten Gebeten begleitet. War der Gläubige zwischen zwei Gebetszeiten keiner der genannten Verunreinigungen ausgesetzt, braucht er die Waschung nicht vorzunehmen. Nach großen Verunreinigungen (Geschlechtsverkehr, Regel der Frau, Wochenbett) ist eine Ganzwaschung erforderlich, bei der, von den Haaren angefangen, kein Fleck des Körpers unbefeuchtet bleiben darf. Erst danach kann das Gebet verrichtet, der Koran berührt werden. Es ist fromme Sitte, vor dem Freitagsgebet, das mittags gemeinsam in der Moschee verrichtet werden soll und zusätzlich zu den Gebeten eine kurze Predigt enthält, eine Ganzwaschung vorzunehmen, auch wenn keine der genannten Verunreinigungen vorliegt. Falls Wasser fehlt, kann Sand benutzt werden.

Die kurze Predigt am Freitag mittag, *khuṭba*, ist zweiteilig; sie enthält eine Unterweisung und am Ende das Gebet für den Herrscher: In der *khuṭba* genannt zu werden bedeutet, der legitime Herrscher zu sein. Das fünfmalige tägliche Gebet wird im Koran als Akt der Demut und der Anbetung gewertet; an seinem Ende kann der Gläubige seine persönlichen Anliegen vortragen. Auf Reisen kann das Gebet verkürzt werden; bei Sonnen- und Mondfinsternis, Bitte um Regen und anderen Gelegenheiten ist ein aus 2 *rak'ah* bestehendes Gebet angebracht.

Der Glaube an die reinigende Kraft des Pflichtgebetes ist groß; es wird einem Wasserstrom verglichen, der fünfmal täglich die Sünden des Menschen abwäscht. Wie die pünktliche Einhaltung der Gebetszeit und die Einreihung unter die Gläubigen jedes Standes ein Erziehungsmittel zu Pünktlichkeit, Reinlichkeit und Einfügung in die Gemeinschaft darstellen soll, so kann das Pflichtgebet auch ekstatische Entrückung herbeiführen. Die vollkommene Abgeschiedenheit eines betenden Muslim von seiner ganzen Umwelt zeigt vielleicht am stärksten, woher der Islam seine Lebenskräfte bezieht.

»Als sie im Rufe ›Gott ist groß‹ sich fanden,
Wie Opfer sie von dieser Welt entschwanden.
Der Sinn des ›Gott ist groß‹ ist ›Wir sind hier
Und werden ganz zum Opfer, Herr, vor Dir!‹
Man spricht dies Wort, wenn man ein Opfer
schlachtet –
Ihr sprecht es nun, da ihr euch selbst Ihm brachtet.«
(Ǧalāluddīn Rūmī, *Mathnawī* III, 2140 ff.)

Um das Gebet zu verrichten, genügt ein reiner Platz – sei es auf dem Feld, im Zug, im Auto, im Geschäft. Eine kleine Gebetsmatte sichert die Sauberkeit des Ortes. Jedoch hat man für das gemeinschaftliche Gebet schon zur Zeit Muḥammads eine geräumige Moschee erbaut (arab. *masǧid* »Ort, wo man sich niederwirft«; die große Moschee, in der Freitagsgebet mit Predigt gehalten wird und deren es ursprünglich nur eine in jedem Ort gab, heißt *ǧāmiʿ* »die Versammelnde«). Man kann, vor allem in der östlichen islamischen Welt, auch kleine, *muṣallā* genannte Gebetsplätze finden, und für die großen Kongregationen an den beiden hohen Feiertagen benutzt man das *ʿīdgāh*, einen weiten Hof mit einer Gebetsnische. Der Moscheebau ist in allen Zeiten und Ländern zum schönsten Ausdruck islamischer Kunst geworden. Der Säulenwald der Großen Moschee von Cordova (929), die Große Moschee von Samarrā, der zeitweiligen Residenz der Abbasiden, die, in 25 Schiffe unterteilt, 100 000 Menschen Raum gab, sind klassische Beispiele der weiträumigen Moscheen. In Verbindung mit dem aus dem Osten kommenden Typ der theologischen Schule tritt später oft an die Stelle des Säulenhofes ein Zellenhof; die Fassaden werden monumental; stalaktitgeschmückte gewaltige Tore finden sich vor allem im türkisch-persischen Gebiet einschließlich des mamlukischen Ägypten und in Teilen Indiens. Ihre vollendetste Lösung hat die Moschee wohl in der osmanischen Zentralkuppelmoschee gefunden, einem Typ, der, über die Vielkuppel- und Zweikuppelmoschee sich entwickelnd, im Wettstreit mit der Hagia Sophia in Istanbul und Adrianopel die wunderbarsten Lösungen gezeitigt hat. Die Staffelung der Halbkuppeln und die – im Gegensatz zu der aus Kubus und Halbkugel emporwachsenden Moschee – nadelspitz emporragenden Minārets sind wohl einmalig zu nennen. Die Formen der Minārets wechseln ebenfalls: vom quadratischen alten syrischen und dann westislamischen Typ beginnend über das 50 m hohe Spiralminäret von Samarrā (850), die unruhig wirkenden mamlukischen reichgezierten Minārets mit ihren pavillonartigen Bekrönungen und die persischen schornsteinartigen Rundminārets mit oft kunstreichem Ziegelmosaik bis zum osmanischen Nadelminäret, zu den etwas schwereren indischen Minārets und den landschaftlichen Ausprägungen in Indochina und Ostasien.

Für die Frauen ist entweder im Hintergrund oder auf einer Galerie des Moscheeraumes ein Gebetsplatz abgetrennt.

Die Ausstattung der Moschee ist denkbar einfach: Im Hof befindet sich ein Brunnen, in dem die Waschungen vorgenommen werden; die Richtung nach Mekka wird durch den *miḥrāb*, eine kleine Nische, angezeigt; diese kann aus Holz, Fayence (besonders die ziemlich flachen seldschukischen *miḥrāb*), aus Lüsterfliesen, Stein oder Marmor sein und ist meist von Koranversen kunstvoll umflochten. Sehr häufig ist der koranische Vers Sure 3,32 auf der Gebetsnische zu lesen: »Wenn immer Zacharias zu Maria in die Nische, *miḥrāb*, trat ...«, der auf das Wunder der himmlischen Speisung der Jungfrau Maria hinweist. Unter den *miḥrāb* der islamischen Welt sind zwei besonders zu erwähnen: die Gebetsnische in der Moschee von Bīyāpūr, Dekkan, aus dem frühen 17. Jahrhundert, die mit ihren Abmessungen von 6 zu 7 m wohl der größte *miḥrāb* überhaupt ist, reich geziert mit Inschriften in Durchbrucharbeit, barock wirkenden steinernen Vorhängen und ungezählten farbigen dekorativen Elementen; die andere Gebetsnische, 1988, eingeweiht, gehört zur Faisal-Moschee in Islamabad; sie hat die Form eines aufgeschlagenen Buches aus weißem Marmor, auf dessen Seiten Sure 55, *Ar-Raḥmān* »Der Allbarmherzige«, in goldener Kufi-Kalligraphie geschrieben ist.

Das Motiv der Nische kehrt wieder auf den Gebetsteppichen, die in Persien und der Türkei in immer neuen Variationen dieses Grundmusters seit Jahrhunderten geknüpft werden.

Neben der Gebetsnische befindet sich der *minbar*, der Predigtstuhl, schon seit der Zeit des Propheten bekannt; durch die kleine verhangene Tür steigt der Prediger eine schmale Treppe empor, die ursprünglich drei, immer aber eine ungerade Anzahl von Stufen hatte. Der *minbar* zeigt oft sehr schöne Holzarbeit. Ein geschnitztes Pult für den Koran, manchmal schimmernde Glaslampen, in großen

Moscheen ein abgegrenzter Platz für den Herrscher – damit ist die Ausstattung der Moschee vollendet. Bilderschmuck kennt man nicht; lediglich die Schrift, nicht endenden wollende Arabeskenranken oder geometrische Figuren dienen zur Ausschmückung.

Der Schrift kommt von allen Kunstzweigen die größte Wichtigkeit zu. Durch sie wird ja das Heilige Buch bewahrt und weitergegeben. Seit ältester Zeit hat man sich bemüht, die Koranexemplare so schön wie möglich zu schreiben. Freilich war die älteste Form der arabischen Schrift, das steile sogenannte *Kufi*, zunächst wenig praktisch, da ihm die diakritischen Punkte fehlten und somit eine Reihe von verschiedenen Buchstaben nicht zu unterscheiden war. Diese ersten Handschriften dienten mehr als Gedächtnisstütze für diejenigen, die den Koran auswendig kannten. Später setzte man in Handschriften die Punkte und die Vokale in anderen Farben hinzu. Die schwere, besonders in den breitformatigen Pergamentcodices sehr wirkungsvolle Schrift wurde dann zierlicher gestaltet – auf Rankengrund gesetzt oder ihre Hasten in Blüten- und Blätterform gebildet, schließlich auch aus diesen höchst kunstvolle geometrische Muster geformt, in denen der Unterschied zwischen Schrift und Ornament fast aufgehoben ist. Andererseits entwickelte sich die kursive Schreibschrift, das *Naskhi*, zunächst in Handschriften auf dem für profane Texte (Briefe, Bücher) verwendeten Papyrus; es wurde verfeinert, nachdem die Araber 751 das Papier in Zentralasien kennengelernt hatten. Anfang des 10. Jahrhunderts gab der Bagdader Minister Ibn Muqla der Schrift ein strenges Maßsystem auf geometrischer Grundlage, basierend auf der Breite der Rohrfeder, die benutzt wurde; die verschiedenen kursiven Stilarten wurden weiter vervollkommnet und erreichten einen Höhepunkt in der klassischen osmanischen Kalligraphie. Neben dem für das Arabische geeigneten steileren Duktus entwickelte sich in Iran ein »hängender« Stil, der ideal für persische und türkische Texte, vor allem Dichtung, ist, aber nicht passend fürs Arabische, weshalb es nur ganz wenige Korane in diesem sogenannten *nasta ʿlīq* gibt.

Einen Koran zu schreiben, oder zumindest einige Verse daraus, war das Ideal vieler Gebildeter, nicht zuletzt muslimischer Herrscher, in deren Handschrift eine Anzahl von Koranen oder von Tafeln mit Sprüchen erhalten sind.

Die Möglichkeiten der arabischen Schrift sind unerschöpflich, beginnend von schlichten großen Zeilen (der größte bekannte Koran hat die Maße von 101 zu 177 cm, mit sieben Zeilen pro Seite) bis zu kunstreichen Schriftbildern, wo religiöse Formeln oder Anrufungen in Tier- oder Pflanzenform, ja als Gesichter erscheinen; doch werden letztere nie in Koranen verwendet. Denn von einem Bildschmuck des Koran kann, ebenso wie in der Moschee, nie die Rede sein. Zwar gibt es kein koranisches Bilderverbot, aber das eigentliche Gebiet der islamischen Kunstbetätigung ist doch die Ornamentik. Die Arabeske, die Gabelblattranke, die durch ihr Blatt ohne Ende weiterwächst, ist das Zentralmotiv der islamischen Kunst, sei es in mehr geometrischer oder in mehr vegetabilischer Form. Durch Verdoppelung, Halbierung, Gleitspiegelung setzt sich das Muster ins Unendliche fort, zieht den Blick in die Höhe und stellt dem sinnenden Geist die Unendlichkeit und Unerschöpflichkeit Gottes vor Augen; deshalb kann es, im Verein mit der wiederum ins Dekorative verwandelten,

Gottes Wort kündenden Schrift den geeigneten Schmuck für das Heilige Buch und den Heiligen Raum abgeben.

Und wie ein Porträt des Propheten nur in ganz wenigen alten Miniaturen existiert, er sonst, wenn überhaupt, mit verschleiertem Gesicht dargestellt wird, so hat auch hier wieder die Schrift die Rolle des Bildes zu übernehmen. Die Beschreibung des Propheten nach der ältesten Überlieferung wird, kunstvoll geschrieben, beim Schmuck des Hauses anstelle eines Bildes verwendet.

Der Koran ist die Basis für das gesamte islamische Leben, von der Regelung der religiösen Pflichten angefangen bis zu den Fragen der Kunst. Natürlich hat sich im Laufe der Zeit eine ausgedehnte Kommentarwissenschaft gebildet.

Die erste Stufe der Koranauslegung war die philologische Herstellung des Textes. Obgleich der Koran als Gottes unerschaffenes Wort aufgefasst wird, gab es doch in ältester Zeit manche in geringfügigen Kleinigkeiten voneinander abweichende Lesarten.

Die älteste Zeit lehnte eine Koranauslegung ab; es schien die Gefahr des Fabulierens zu groß zu sein. Und auch später ist es nie zu einer absolut einheitlichen Exegese gekommen. Gerade die Möglichkeit, das Heilige Buch auf die verschiedensten Arten auszulegen, schien den Beweis für seine übernatürliche Herkunft zu stärken. Offenbar unerschöpflich, hat es bis heute zahllose Gelehrte und Fromme beschäftigt. Der erste große Korankommentar stammt von Ṭabarī, dem bekannten Historiker (839–935); er umfasst 30 Bände. Unter dem Einfluss mu'tazilitischer Ideen schuf Zamakhšarī seinen großen Korankommentar (1134), der besonders in philologischer Hinsicht vorzüglich ist; von den späteren großen Kommentatoren sind vor allem im 13. Jahrhundert Baiḍāwī und, im späten 15. Jahrhundert in Ägypten, Suyūṭī zu nennen, im türkischen Bereich im 19. Jahrhundert Elmalĭ.

Selbstverständlich hat sich die Mystik um ein innerliches Verständnis des heiligen Textes bemüht; für sie besteht neben dem äußeren Sinn ein tieferer Sinn der Worte, in den man einzudringen strebt. Der umfassende Kommentar des Ibn ʿArabī (gest. 1240) ist ein Beispiel dafür. Auch die schiitischen Gruppen haben, besonders in ihrer bāṭinidischen Ausprägung (s. S. 91), sich immer an den inneren Sinn der Worte gehalten, zu dem sie die Menschen in stufenweiser Einweihung führen wollten. Denn die innere Bedeutung der Worte entspricht dem Geist, der den Leib der Worte belebt. Doch für alle gilt, dass die Lektüre des Koran ein echtes Gespräch mit Gott ist, dem man sich nur durch Sein Wort nahen kann. Man könnte die Koranlektüre als ein Sakrament bezeichnen.

In moderner Zeit sind Wissenschaft und Frömmigkeit um ein neues Verständnis des Koran bemüht – da er als die abschließende Offenbarung für alle Zeiten gilt, müssen in ihm auch die wissenschaftlichen Erkenntnisse der Neuzeit enthalten sein. Der ehemalige Rektor der Azhar-Universität in Kairo, Muṣṭafā al-Marāghī, hat dazu gesagt: »Wahre Religion kann nicht in Konflikt mit wahrer Wissenschaft kommen, und wenn wir positiv von der Wahrheit irgendeiner wissenschaftlichen Behauptung überzeugt sind, die mit dem Islam unvereinbar scheint, so nur deshalb, weil wir den Koran und die Tradition nicht richtig verstehen. Wir haben eine universale Lehre in unserer Religion, die erklärt, dass, wenn eine apodiktische Wahrheit mit einem geoffenbarten Text im Widerspruch steht, wir den Text allegorisch deuten müssen.« Schon der indische Reformer Sir Sayyid Aḥmad Khān (gest. 1898) spricht in seinem Werk davon, dass *the work of God*, Gottes in der Natur sichtbares Werk, nicht dem *word of God*, dem göttlichen, im Koran geoffenbarten Wort, widersprechen könne.

Man versucht gelegentlich, aus kleinsten Andeutungen naturwissenschaftliche Tatsachen, militärische und soziale Ereignisse unserer Tage im Text vorausgesagt zu finden; die eschatologischen Suren werden ihres Sinnes entkleidet und in Voraussagen über die Entwicklung der Menschheit umgeformt. Demgegenüber hat der indomuslimische Modernist Iqbāl immer wieder auf den dynamischen, antiklassischen Geist des Koran hingewiesen und die Unendlichkeit der »Welt des Koran« besungen.

Auch eine kabbalistische Auslegetechnik besteht bis heute und erfreut sich eines gewissen Ansehens (*ǧafr*, *wifq*: aus der Anzahl der Buchstaben, ihrem Zahlenwert, ihren Gleichklängen usw. ergibt sich ein tieferer Sinn).

Die Tradition

Schon früh erkannte man, dass der Koran nicht alle Erfordernisse des täglichen Lebens genügend klärt; vieles ist nur angedeutet, von manchem ist gar nicht die Rede. Bereits die Gefährten Muḥammads und die Generation nach ihm suchten nach einem Weg, um die vorhandenen Lücken möglichst dem Geiste der Religion treubleibend zu schließen: So hielten sie sich an die Worte und Handlungen des Propheten selbst. Der Wert der Tradition war schon im vorislamischen Arabien sehr groß; wie der Beduine seine verehrten Ahnen nachahmte, so bemühte sich der Gläubige nun, das Beispiel seines geliebten Propheten in allen Einzelheiten nachzuahmen. Heißt es doch im Koran: »Wahrlich, in dem Gesandten Gottes habt ihr ein schönes Vorbild für jeden, der auf Allah und den Jüngsten Tag hofft und oft Gottes gedenkt!« (Sure 33,21.)

Die Gewohnheit des Propheten, die *sunna*, wird in sich selbst zu einer Auslegung des Koran; in diesem nur vage gegebene Andeutungen waren so aufzufassen, wie es Muḥammad durch Wort und Handlung bezeugt hatte. Seine Worte wurden gesammelt und von Generation zu Generation weitergeleitet. Dass sich dabei im Laufe der Zeit eine Unmenge von unechten Traditionen einschob, ist verständlich. Die *Ḥadīthe* (»Aussprüche des Propheten«) sind nicht so sehr eine Quelle für die ursprüngliche Lehre Muḥammads, sondern spiegeln z. T. die verschiedenen Strömungen innerhalb des wachsenden Islam wider: Jede Richtung verbreitete *Ḥadīthe*, welche ihre Tendenzen stützten. Bis zum 9. Jahrhundert waren viele Zehntausende von Prophetenworten im Umlauf, und es ist die große

Leistung des Bukhārī (gest. 870), aus diesen die vertrauenswürdigsten ausgewählt und in seinem gewaltigen *Ḥadīth*-Werk klassifiziert zu haben; die gleiche Arbeit unternahm sein Zeitgenosse Muslim. Die Sammlungen dieser beiden Gelehrten werden als *ṣaḥīḥ*, d.h. »gesund« (in der *Ḥadīth*-Kritik »ohne Mangel«), bezeichnet; ihnen stehen die Sammlungen anderer Gelehrter (Abū Da'ūd, Nasā'ī, Tirmidhī und Ibn Māğa) an Rang etwas nach. Die *Ḥadīth*-Kritik geht freilich nach einem dem Abendländer ungewöhnlich scheinenden Kriterium vor sich; jedes *Ḥadīth* besteht aus dem Text und dem *isnād*, d.h. der Kette derer, die das Wort gehört haben – einer Kette, welche bis zu Muḥammad bzw. einem seiner Gefährten führen muss. Die Aufgabe der *Ḥadīth*-Kritiker beschränkt sich nun darauf, die Zuverlässigkeit der Überlieferer zu prüfen. Es wird festgestellt, ob die betreffenden Personen (unter denen sich übrigens auch eine ganze Reihe von Frauen befindet) zuverlässig waren, ob der jeweilige Überlieferer denjenigen, von dem er berichtet, wirklich gekannt haben kann oder ob Alter und Entfernung das nicht zulassen, und weitere solche Kriterien, aus denen sich eine ganze historische Wissenschaft entwickelte. Wenn eine Kette von Gewährsmännern wirklich alle äußeren Bedingungen erfüllte, so galt das *Ḥadīth* als »gesund« und konnte aufgenommen werden. Trotz der scharfen Sichtung und der Festlegung der zuverlässigsten *Ḥadīthe* sind im Laufe der Jahrhunderte zahlreiche neue Überlieferungsworte eingeströmt; jüdisches und christliches Gut (so das Gleichnis Mt 25) und klassische Weisheitssprüche finden sich in islamisiertem Gewande wieder. Eine nach westlichem Verständnis »wissenschaftliche« *Ḥadīth*-Kritik ist noch heute für die meisten Frommen suspekt und wird als irrelevant angesehen. Wenige modernistische Schulen wiederum verwerfen das *Ḥadīth* völlig.

Der Inder Chirāgh Ali (gest. 1895), ein Mitarbeiter des Reformers Sir Sayyid, griff die Traditionsliteratur noch schärfer an, als Ignaz Goldziher es fast gleichzeitig in Europa tat; seine Haltung dürfte die Aversion der Traditionalisten in Indien und besonders die der *ahl-i ḥadīth*, einer geradezu »fundamentalistischen« Gruppe, gegen die Reformbestrebungen Sir Sayyids noch verstärkt haben. Unter den modernen Gelehrten, die das *Ḥadīth* im Ganzen als Quelle islamischer Kultur und islamischen Lebens ablehnen, ist Ghulām Aḥmad Parvēz in Pakistan zu nennen, dem nur die koranische Offenbarung gilt (die er freilich sehr eigenwillig auslegt): Der Koran ist »das Ende der ›Religion‹«, wie er mit einer fast Barthischen Formel sagt. Daneben stehen Denker wie Fazlur Rahman (gest. 1988), dessen Konzept der »lebendigen *sunna*« den Muslimen einen gangbaren Weg in die Zukunft zeigen sollte: Nicht das zu tun, was die Muslime in Nachahmung des Propheten vor mehr als tausend Jahren getan haben, sondern den *Geist* des *Ḥadīth* und der *sunna* so zu verstehen, wie jene es taten, und darauf fußend eine für unsere Zeit gültige Haltung zu entwickeln, schien ihm wichtig.

Es gibt auch das *ḥadīth qudsī*, außerkoranische Worte, in denen Gott zu einem Propheten spricht; viele entstammen dem mystischen Milieu.

Der Gläubige bemüht sich um eine möglichst getreue *imitatio Muḥammadi*, entsprechend den Einzelheiten, die von ihm überliefert werden. Die Handhaltung beim Gebet, die Art des Anziehens usw., alles wird von der *sunna* des Propheten abgeleitet. »Muḥammad ibn Aşlam aß keine Melone, weil nicht überliefert war, wie der Prophet sie zu essen pflegte.«

Wohl das typischste Beispiel dafür ist die Beschneidung, die im Türkischen *sünnet* heißt: Sie ist nirgendwo im Koran erwähnt, und viele Gelehrte halten auch das Gebet des Unbeschnittenen für gültig – aber im Volk ist die Beschneidung das kennzeichnende Merkmal des muslimischen Mannes, und die Operation, welche bei den Knaben zwischen dem 4. und 10., meist um das 7. Lebensjahr vorgenommen wird, ist ein wichtiges Familienfest. Der Legende nach wurde der Prophet beschnitten geboren – daher ist es *sunna*, ihm zu folgen.

Wiederum nicht aus dem Koran, sondern aus der Überlieferung sind manche andere Volksbräuche zu erklären, vor allem die Feiern der Heiligen Nächte (nach dem Mondjahr gerechnet): Am 12. Rabīʿ al-awwal wird das Geburtsfest des Propheten gefeiert, eine vom Mittelalter an zu beobachtende Erscheinung; für diesen Zweck sind schon früh hymnische Gedichte geschrieben worden, zu deren bekanntesten das Mevlûd des Süleyman Çelebi (gest. 1422) gehört, das in einfachen türkischen Versen die Wunder bei der Geburt des Propheten erzählt und heutzutage in der Türkei bei verschiedenen religiösen Gelegenheiten gesungen wird – vor allem für die Verstorbenen 40 Tage nach ihrem Tode sowie an den Jahrestagen des Todes. Die Rezitation dieses Werkes, die mit Koranlesungen und Gebeten verbunden ist, gilt als verdienstlich und heilbringend.

»Amine sprach: Als die Zeit vollendet ward,
dass zur Welt kam dieser Menschen Bester zart …
Alle Stäubchen in der Welt – mit Freudenschrei
Riefen sie zusammen all: Willkommen sei!
Sei willkommen, hoher Fürst, sei uns gegrüßt!
Sei willkommen, Weisheitsbergschacht, sei gegrüßt!
Sei willkommen, Buchs Geheimnis, sei gegrüßt!
Sei willkommen, Schmerzes Heilung, sei gegrüßt!
Sei willkommen, Gottes Mond- und Sonnenlicht,
Sei willkommen, der von Gott getrennt du nicht!
Sei willkommen, Schönheitsgartens Nachtigall!
Sei willkommen, Freund des Herrn der Mächte all!
Sei willkommen, Zufluchtsort des Volkes dein,
Sei willkommen, der du heilst der Armen Pein!
Sei willkommen, ew'ge Seele, sei gegrüßt,
Sei willkommen, Schenk der Liebenden, gegrüßt!
Sei willkommen, du des Freundes Augenstern,
Sei willkommen, sehr Geliebter du des Herrn!
Sei willkommen, du Erbarmung für die Welt,
Sei willkommen, du der Sünder Fürsprachheld!
Sei willkommen, Fürst der Welten hier und dort,
Nur um dich ward ja geschaffen Sein und Ort …
Du bist jener Fürst der sämtlichen Propheten,
Licht der Heil'gen, Hoffnung aller, die da beten.
O du Siegel auf der Gottessendung Thron!
O du Siegel vom Prophetenpetschaft schon!
Denn dein Licht macht diese Welt zum hellen Tag,
Deine Schönheit macht die Welt zum Rosenhag!
O Freund Gottes, lass uns Hilfe angedeihn,
Deine Huld erquick mein letztes Stündelein!«

Die gleiche Segenswirkung, die sich der fromme Türke von der Rezitation dieses schönen alten Liedes erhofft, wird auch für *maulūd*-Rezitationen in Suaheli und in anderen islamischen Sprachen bezeugt.

Der 12. Rabīʿ al-awwal ist aber auch (und ursprünglich) der Todestag des Propheten und wird daher in manchen Gebieten eher als Trauertag begangen. Das Fest des Geburtstags ist für die Zeit der Fatimiden erstmals bezeugt, für die der Prophet ja der Ahne (Vater der Fāṭima) war; eine Feier mit Rezitationen und Kerzen fand im Jahr 1207 auch in Arbela (Irbil) im Irak statt. In vielen Gebieten war, oder ist, der 12. Rabīʿ al-awwal öffentlicher Feiertag.

Neben dem Geburtstag des Propheten stehen im Volksglauben die *barāʾat*-Nacht am 15. Šaʿbān, in der die Sünden vergeben werden und das Schicksal festgesetzt wird, die Nacht der Himmelfahrt des Propheten (27. Rağab) und die ersten Nächte des Rağab in besonderem Ansehen.

Das Gesetz

Es zeigte sich, dass auch Koran und Tradition zusammen nicht alle strittigen Probleme, vor allem juristischer und ritueller Art, lösen konnten. Denn mit der ständigen Ausdehnung des islamischen Bereiches in Gebiete, in denen völlig verschiedene Sitten und Traditionen herrschten, konnte es leicht zu Konflikten kommen – und die Anpassungsschwierigkeiten zwischen islamischem Gesetz (vor allem Familienrecht) und modernen juristischen Anschauungen spielen auch heute, bei der Anwesenheit so vieler Muslime in der westlichen Welt, eine wichtige Rolle. Man sah die Notwendigkeit einer Weiterentwicklung ein: entweder stützte man sich nur auf die beiden vorhandenen Quellen oder führte die Methode des Analogieschlusses ein oder wandte sich zur Spekulation. Innerhalb eines knappen Jahrhunderts formten sich vier Rechtsschulen, die diese Methoden ausbildeten. Der Vertreter der ältesten Schule ist der Iraker Abū Ḥanīfa (gest. 767), welcher der Spekulation etwas mehr Raum gab als die anderen Rechtslehrer; seine Richtung hat sich vor allem unter den türkischen Völkern und in Indien verbreitet. Fast gleichzeitig vertrat Mālik ibn Anās (gest. 795) in Medina die streng traditionalistischen Tendenzen dieser Stadt, die sich als Hüterin der prophetischen Überlieferung fühlte. Māliks Schule herrscht vor allem im westlichen Islam. Ein Schüler der beiden genannten Lehrer ist Šāfiʿī (gest. 820), der den ersten Schritt zu einer Systematisierung getan hat und dessen Anhänger vor allem in Ägypten, Syrien und Indonesien Bedeutung haben. Reiner Traditionalist ist Aḥmad ibn Ḥanbal (gest. 855), dessen unversöhnliche

Haltung im Kampf gegen die Mu'tazila (s. S. 74ff.) in der Frage, ob der Koran erschaffen sei, ihm einen Ehrenplatz in der islamischen Orthodoxie sichert. Seine Anhänger, strengstens an das Wort von Koran und Tradition gebunden, haben sich in Innerarabien halten können; die Schule in ihrem ganzen Rigorismus ist im 18. Jahrhundert neu belebt worden: Die Wahhabiten unter dem Schutz der Familie Sa'ūd in Zentralarabien sind seit jener Zeit die Vertreter eines konzessionslosen Hanbalismus, der alle Neuerungen, wie Heiligenverehrung, Mystik, aber auch Rauchen, ablehnt.

Neben diesen vier Rechtsschulen (*madhhab*), welche gleichberechtigt nebeneinander stehen, hat es in früherer Zeit noch andere Richtungen gegeben, die jedoch in den größeren aufgegangen sind. Besonders die wegen ihrer am äußeren Wortsinn, *ẓāhir*, hängenden Nachfolger Muḥammad ibn Dā'ūds, die Ẓāhiriten, zogen einzelne vorzügliche Literaten und Mystiker an. Man hat nie versucht, die Rechtsschulen zu vereinigen – ein *Ḥadīth* sagt: »Die Meinungsverschiedenheit in meiner Gemeinde ist ein Zeichen göttlicher Barmherzigkeit.«

Ohnehin sind die Unterschiede minimal: z.B. verursacht nach Šāfi'ī die Berührung der Haut einer Frau (Händedruck) die kleine Verunreinigung und macht eine Waschung nötig, nach Abū Ḥanīfa jedoch nicht.

In den großen theologischen Schulen, wie sie im 11. Jahrhundert entwickelt wurden, den Medresen, gab es oft Unterrichtsräume für alle Richtungen. Hieß es doch in der Überlieferung: »Meine Gemeinde wird nie in einem Irrtum übereinstimmen.« Damit ist die Wichtigkeit der Übereinstimmung, des *consensus* (*iǧmā'*), angedeutet. Die

Übereinstimmung der Gemeinde bzw. der Gelehrten ist neben Koran, Tradition und Analogieschluss die vierte Quelle für die Rechtsprechung. Sie garantiert die Authentizität von Koran und Tradition. »Theoretisch kann der *iǧmāʿ* keinen Traditionstext abrogieren, aber er kann, nach Ansicht der Juristen, anzeigen, dass der dort genannte Brauch nicht mehr geübt wird.« Santillana hat es treffend formuliert: »Wenn die muslimische Gemeinschaft einer religiösen Praktik oder Glaubensregel zustimmt, so ist sie gewissermaßen durch Gott geleitet und inspiriert und unfehlbar zur Wahrheit geführt – kraft einer besonderen Gnade, die Gott der Gemeinschaft der Gläubigen verliehen hat.«

Die Gesetzesgelehrten (*ʿulamā*) werden so zu Hütern der Tradition. Der *iǧmāʿ* war zunächst schöpferisch; er gab die Möglichkeit zu neuen Entwicklungen, zur Aufnahme neuer Sitten. Aber schon im 10. und 11. Jahrhundert erstarrte er und wurde nun, statt dem Fortschritt zu dienen, zu einem Hemmschuh. Man sprach den Gelehrten das Recht der freien Forschung in Koran und Tradition zum Zweck der Rechtsfindung ab (*iǧtihād*): was einmal durch *iǧmāʿ* bestimmt war, hatte so zu bleiben. Dadurch sind viele mittelalterliche Bräuche und Anschauungen weitervererbt worden. Die Modernisten in Indien, Ägypten und der Türkei haben deshalb versucht, die starre Mauer des *iǧmāʿ* zu durchbrechen und, zurückgehend auf Koran und Tradition, durch neue Interpretation der Quellen den Islam aus seiner Verknöcherung zu lösen.

Das ganze Leben des Muslim ist in das Gefüge der *šarīʿa* eingebaut. Die *šarīʿa*, das Gesetz, ist zu bezeichnen als die Gesamtheit der auf die Handlungen des Menschen bezüglichen Vorschriften Allahs. Ja, man hat – mit einiger Übertreibung – sagen können, die koranische Offenbarung habe nur Gottes Gesetz mitgeteilt, nicht aber Gott selbst offenbart.

Die Wissenschaft, welche sich mit der *šarīʿa* befasst, ist der *fiqh*. Da der Islam grundsätzlich alle Lebensverhältnisse religiös wertet, umfasst die *šarīʿa* die religiöse Pflichtenlehre, kultische Vorschriften, juridische und politische Regeln. Man unterscheidet dabei zwischen *farḍ al-ʿain*, der Pflicht, die jeder Einzelne auszuführen gehalten ist (z. B. Pflichtgebet), und *farḍ al-kifāya*, die durch das Zusammenwirken einer genügenden Anzahl von Menschen ausgeführt wird (z. B. das Freitagsgebet in der Moschee, der Heilige Krieg). Außerdem wird genau festgelegt, wer mit der Ausführung dieser oder jener Pflicht »belastet« (*mukallaf*) ist (z. B. der gesunde, volljährige Mann oder das zur Unterscheidung fähige Kind). Jedoch ist man sich unter den Muslimen von früh an darüber im Klaren gewesen, dass eine Durchführung der *šarīʿa* im vollen Umfang praktisch unmöglich ist.

Die Anerkennung der gesetzlichen Pflichten ist erforderlich; selbst wenn der Muslim gewisse Pflichten nicht einhält, aber weiß und zugibt, dass er sich auf verbotenem Gebiet bewegt, wird er doch als Muslim angesehen. Die außerordentliche Betonung der Pflichtenlehre und der allumfassenden Praxis, die im Islam stärker ausgeprägt ist als die Anerkennung von dogmatischen Formeln (mit Ausnahme natürlich des Glaubens an den Einen Gott und die abschließende Rolle Muḥammads als Gottes Gesandten), hat einige Orientalisten dazu geführt, nicht so sehr von einer *Orthodoxie* des Islam zu sprechen als von einer *Orthopraxis*.

Die *šarīʿa* ist nicht kodifiziert worden; sie, die »den praktischen Aspekt von Muḥammads religiöser Doktrin« bildet, ist durch die Jahrhunderte von Generation zu Generation weitergegeben worden. Der geistliche Richter, der *Qāḍī*, hatte über ihre Ausführung zu wachen, der *Mufti* Gutachten (*fatwā*) über die religiöse Zulässigkeit gewisser Handlungen zu geben. Das letztere Amt hat vor allem unter den Osmanen eine besondere Rolle gespielt. In Städten und Gebieten, wo mehrere Rechtsschulen vertreten waren, urteilten Qāḍīs jeder Schule selbständig. Dass sich neben dem islamischen religiösen Recht in den weit auseinanderliegenden Teilen der islamischen Welt auch das alte Recht der verschiedenen Völker hielt (*ʿādat, ʿurf* »Gewohnheitsrecht«), ist nicht verwunderlich; mit seiner Hilfe wurden auch in der *šarīʿa* nicht genannte Probleme gelöst. Erstmals ist der rechtliche Teil der *šarīʿa* 1869 im Osmanischen Reich in der sogenannten *Meğelle* kodifiziert worden.

Alle Handlungen werden in fünf Kategorien eingeteilt: obligatorisch, empfohlen, gleichgültig, unerwünscht, verboten. Die Waschung vor dem Gebet z. B. ist obligatorisch; dabei mit der rechten Seite zu beginnen ist empfohlen; ob kaltes oder warmes Wasser benutzt wird, ist gleichgültig; dass jemand das Wasser vorher berührt, ist verboten. Außerdem werden die Handlungen (neben dieser ihrer religiösen Wertung) danach beurteilt, ob sie gültig oder ungültig sind.

In der juristischen Seite der *šarīʿa* zieht vor allem ein höchst kompliziertes Erbrecht die Aufmerksamkeit auf sich; gegenüber der altarabischen Praxis, nach der nur die männlichen Verwandten erbten, gab Muḥammad der Frau gewisse Rechte. Doch erhalten die Töchter des Erblassers noch immer einen geringeren Erbanteil als die Söhne, da ihnen neben dem Erbe auch eine Aussteuer zusteht und sie nicht, wie der Mann, eine Familie zu versorgen haben. Das Eherecht gestattet dem Mann bis zu vier legitime Frauen; außerdem beliebig viele Konkubinen. Wenn eine Sklavin ihrem Herrn ein Kind geboren hat, wird sie beim Tode des Herrn frei. Die Polygamie kommt jedoch praktisch längst nicht in dem Ausmaße vor, wie man glauben möchte. Die Auflage, dass alle Frauen in jeder Weise gleichmäßig zu behandeln sind, erschwert ihre Durchführung. Nach Ansicht mancher Modernisten bedeutet die Forderung völlig gerechter Behandlung schon eine Absage an die Polygamie; denn niemand außer Gott, so schließen sie, kann ganz gerecht sein. Allein die Frage des standesgemäßen Unterhaltes stellt für den Mittelstand ein fast unlösbares Problem dar. Bei Kinderlosigkeit oder Krankheit der ersten Frau oder – besonders auf dem Lande – zur Erleichterung der Arbeit wird eine zweite oder dritte Frau genommen. Gegenüber der vorislamischen Rechtsunsicherheit der Frau bedeutet die Haltung des Islam einen gewaltigen Fortschritt; so steht der Frau (zumindest dem Gesetz nach) das Recht zu, ihr eingebrachtes Vermögen selbst zu verwalten. In früh-islamischer Zeit war die Stellung der Frau nicht schlecht; erst im Laufe der Jahrhunderte wurde sie mehr und mehr völlig ins Innere des Hauses, in die Verschleierung, gedrängt, wo sie wenig Gelegenheit hatte, ihre intellektuellen Fähigkeiten zu entwickeln, und sich oft ihrer Rechte nicht mehr bewusst ist. Die Verschleierung und strenge Abschließung ist jedoch vielfach auf die Mittelschicht beschränkt; in ländlichen Gegenden war sie nicht durchführbar, da die Frauen auf dem Felde mitarbeiten mussten. Doch spiegelt sich das System, das nach dem persischen Wort für »Schleier, Vorhang« *parda* (englische Schreibweise *Purdah*) genannt wird, in der Architektur wider. Die Räume der Frauen bilden einen gesonderten Trakt, und die Häuser haben oft einen von außen nicht einsehbaren Innenhof oder Garten, wo sich die Frauen ergehen können. Oft gibt es eine besondere Tür, durch die weibliche Besucher ins Haus schlüpfen können, ohne gesehen zu werden. Die Islamgeschichte zeigt – angefangen von der klugen ʻA'iša, der Lieblingsfrau Muḥammads, über die große Mystikerin Rābiʻa bis zu den Traditionslehrerinnen des Mittelalters und den Herrscherinnen des indischen Staates Bhopal im 19. Jahrhundert – eine ganze Reihe von Frauen, die sich durch kluges und selbständiges Handeln ausgezeichnet haben.

Zur Verheiratung bedarf die Frau eines Vormundes. Sehr häufig findet man Verwandtenheirat, vor allem *cross-cousin marriage* (Sohn des Bruders der Mutter und Tochter der Schwester des Vaters o. ä.). Das gilt vor allem für die vornehmen Familien, in erster Linie die *sayyids*, die Nachkommen des Propheten durch seine Tochter Fāṭima, die ohnehin vielen Tabus unterworfen sind (zumindest im indischen Raum).

Nach einigen Rechtsschulen kann die Frau ihr Recht, sich unter bestimmten Bedingungen vom Mann zu trennen, in den Heiratskontrakt aufnehmen lassen, der den wichtigsten Teil der Eheschließung darstellt. In diesem Kontrakt wird auch die Mitgift und das Brautgeld festgesetzt.

In laizistischen Ländern wie der Türkei gibt es die sogenannte *imām nikâhĭ*, eine nur vom *Imām* geschlossene

Ehe, die nicht standesamtlich registriert ist und vor allem auf dem Lande praktiziert wurde; zu ihr entschloss man sich z. B., wenn man eine im bürgerlichen Recht nicht gestattete zweite oder dritte Frau nehmen wollte.

In Iran, im schiitischen Recht, gibt es die Ehe auf Zeit, *mutʿa*, deren Länge durch einen Vertrag festgesetzt wird.

Allgemein gilt, dass die Frau keinen ihr nicht gleichwertigen Partner heiraten soll: eine *sayyid*-Frau soll, der Sitte nach, nur einen *sayyid* heiraten. Gleichermaßen kann der Mann eine »Schriftbesitzerin« heiraten, die Frau aber soll nur einen Muslim heiraten. Die Scheidung kann ohne nähere Erklärung vom Manne ausgesprochen werden; doch kann er die Frau vor Ablauf der gesetzlichen Wartefrist (drei Regelperioden) wieder zu sich nehmen. Dreifaches Aussprechen der Scheidungsformel (*ṭalāq*) macht die Trennung endgültig.

Die Sklaverei hat Muḥammad nicht aufheben können. Doch wird immer wieder die gute Behandlung der Sklaven eingeschärft; so haben sie gesetzlichen Anspruch auf Unterhalt im Krankheitsfalle. Es gilt als besonders verdienstlich, die Sklaven freizulassen; auch kann sich ein Sklave mit dem Geld, das er in eigenen Geschäften verdient hat, selbst freikaufen; dabei soll ihm möglichst ein Teil der Kaufsumme erlassen werden. Da nur Kinder von Sklaven oder nichtmuslimische Kriegsgefangene wieder Sklaven werden können, nie aber freigeborene Muslime, ist die Sklaverei theoretisch zum Aussterben verurteilt. Dass Sklaven bis in die höchsten Ämter aufsteigen konnten, zeigt die gesamte Islamgeschichte. Das gilt vor allem für die Militärsklaven.

Im Strafrecht unterscheidet man vier Arten der Strafe: 1. Die *talio*, wobei der Schuldige getötet oder verstümmelt werden kann, wenn die Schuld – widerrechtliche vorsätzliche Tötung – im Gerichtsverfahren bewiesen ist. 2. Falls von Tötung abgesehen wird, hat der Schuldige das Blutgeld zu zahlen, das für eine Frau die Hälfte, für Christen und Juden ein Drittel vom Blutgeld des freien männlichen Muslim beträgt; außerdem muss er eine Sühne leisten, da er nicht nur menschliches, sondern auch göttliches Recht verletzt hat. 3. Für bestimmte Verbrechen gibt es gesetzlich festgelegte Strafen, z.B. Abschlagen der rechten Hand bei Diebstahl. 4. Schließlich kann der Richter nach menschlichem Ermessen Strafen festsetzen, wobei wiederum unterschieden wird, ob das Recht Gottes oder das Recht eines Menschen verletzt worden ist. Es wird empfohlen, möglichst kein Zeugnis zuungunsten eines Menschen abzulegen und Barmherzigkeit walten zu lassen. So beträgt die Strafe für Ehebruch zwischen zwei freien Individuen 100 Peitschenhiebe oder, nach strengerer Form, Steinigung; doch müssen vier unbescholtene Zeugen das Geschehen ganz genau beobachtet haben – was den Vollzug der Strafe fast unmöglich macht. Wird eine Frau vergewaltigt, ist daher mit einer Bestrafung des Mannes kaum zu rechnen. Härtere Bestrafung der Ehebrecherin geht meist auf alte Bräuche und Stammessitten zurück und ist nicht islamisch.

Ein besonderes Problem ist der staatsrechtliche Teil der *šarīʿa*, der sich vor allem mit der Frage des Kalifates befasst. Der Kalif, der Nachfolger Muḥammads als Führer der Gemeinde beim Gebet und im Kampf, hat zunächst keine besondere religiöse Autorität. dass der Kalif zumindest vom Stamme Quraiš sein müsse, hat auch die sunnitische Orthodoxie anerkannt; doch trifft das z. B. für die osmanischen Kalifen in keiner Weise zu.

Die Kalifen verloren um die Mitte des 10. Jahrhunderts ihre Macht. In der folgenden Zeit, während aufstrebende Gaufürsten die weltliche Macht in die Hand bekamen, blieb dem Kalifen kaum mehr als das Recht, seinen Namen im Gebet der Freitagspredigt erwähnen zu lassen und Münzen in seinem Namen zu prägen. Gleichzeitig entstand in Spanien das Gegenkalifat der dortigen Omayyaden (929), und in Nordafrika, von dort nach Ägypten ausströmend, das fatimidische Kalifat, das sich von Muḥammads Tochter Fāṭima herzuleiten behauptete. Als das Bagdader Kalifat 1258 durch den Mongolensturm hinweggefegt wurde, rettete sich ein angeblicher Nachkomme des letzten Kalifen nach Ägypten. Der Letzte dieser Reihe wurde bei der osmanischen Eroberung 1517 nach Istanbul geführt. Die osmanischen Herrscher fühlten sich – angeblich von ihm investiert – stets als Kalifen. Bei der Abtretung der Krim im Vertrag von Küçük Kaynarca (1774) wurde dem Kalifen als »Oberkalifen der Muḥammadaner« eine religiöse Bedeutung gegeben. Diese Konstruktion wurde von Sultan Abdulḥamīd II. für seine panislamische Politik ausgenutzt. Als 1922 das Sultanat in der Türkei abgeschafft wurde, blieb das Kalifat zunächst noch bestehen – damit war es ganz auf das religiöse Gleis abgeschoben. Doch ergab es sich im Zuge der Reformmaßnahmen Kemal Atatürks, dass es ebenfalls anderthalb Jahre später aufgehoben wurde. Damit scheiterte auch die nach dem Ersten Weltkrieg in Indien aktive Kalifatsbewegung, eine erste Freiheitsbewegung der indischen Muslime.

Die *šarīʿa* umfasst auch die Haltung des Muslim gegenüber den Nichtmuslimen. Die Anschauung, dass sich der Islam mit Feuer und Schwert seinen Weg gebahnt habe, kann nicht aufrechterhalten werden. Freilich schien es für eine Weile, als solle der Glaubenskrieg (*ǧihād*) die sechste Säule des Islam werden; doch hat sich dieser Gedanke nicht durchsetzen können. Heißt es doch im Koran »Kein Zwang im Glauben« (Sure 2,257). Nun existiert aber die Koranaussage, dass Muḥammad *raḥmatan lilʿālamīn* »als Barmherzigkeit für die Welten« gesandt worden sei (Sure 21,107). Muḥammad fühlte sich zunächst als Prophet der Araber und trat erst später mit dem Anspruch auf, die verfälschten Teile der jüdischen und christlichen Religion zu verbessern, was ohne weiteres einen missionarischen Anspruch einschließt. In einigen zu Medina geoffenbarten Suren wird das Problem des Glaubenskrieges behandelt, doch zunächst als Kampf gegen Angreifer und vom rechten Glauben Abgefallene. Dann heißt es jedoch:

> »Bekämpfet diejenigen, welche nicht an Gott und den Jüngsten Tag glauben und welche nicht für verboten halten, was Gott und sein Gesandter verboten haben, und welche nicht die wahre Religion bekennen, nämlich die Schriftbesitzer, bis sie die *ǧizya* zahlen persönlich und in Erniedrigung«. (Sure 9,29)

Die »Schriftbesitzer«, d.h. Juden und Christen, zu denen später noch die Zoroastrier und Sabier gerechnet wurden, sollen nicht getötet oder zwangsweise bekehrt werden, sondern eine bestimmte Steuer zahlen. Dadurch haben sie Anspruch auf den Schutz der Muslime und werden als *dhimmī* (»der unter dem Schutz, *dhimma*, Stehende«) bezeichnet; sie brauchen keinen Kriegsdienst zu leisten. Die »Heiden« dagegen, die Polytheisten, die keine Heilige Schrift vorweisen können, sind bis zur Vernichtung zu bekämpfen, es sei denn, sie nehmen den Islam an. Daher war es eine weise Tat Muḥammad ibn al-Qāsims, des jungen Eroberers des unteren Indus-Tales im Jahre 711/712, die Hindus den Schriftbesitzern zuzurechnen, da sonst die Verwaltung des riesigen indischen Gebietes unmöglich gewesen wäre.

Außer der genannten Kopfsteuer, *ǧizya*, mussten die *dhimmī* noch eine bestimmte Grundsteuer zahlen; sie sollten sich tunlichst von den Gläubigen in ihrer Kleidung unterscheiden (schon damals war Gelb die Farbe für die Juden). Der *dhimmī* hat kein Zeugnisrecht vor einem islamischen Richter, sondern die jeweiligen Gemeinden verwalten sich selbständig unter ihrem Oberhaupt, dem Bischof, Rabbi, oder wer immer zuständig sei. Neue Kirchen sollen nicht in islamischem Gebiet erbaut werden, doch dürfen vorhandene religiöse Bauten repariert werden.

Der erstmals vom Islam gemachte Unterschied zwischen Schriftreligion und schriftlosen Religionen ist von der modernen Religionswissenschaft aufgenommen und weiterentwickelt worden.

Da die Nicht-Muslime bekämpft werden sollten, wurde die Welt in *dār al-islām* »das islamische Gebiet« und *dār al-ḥarb* »das Kriegsgebiet« geteilt. Das letztere ist noch nicht oder nicht mehr unter islamischer Herrschaft stehendes Gebiet, in dem das Freitagsgebet nicht gehalten werden kann. Im 19. Jahrhundert bewegte dieses Problem die unter britischer Oberhoheit in Indien stehenden Muslime, und es gab verschiedene Reaktionen auf die Frage, bis zu welchem Grade Britisch-Indien *dār al-ḥarb* sei – Probleme, die sich auch den fundamentalistischen Muslimen in Europa und Amerika in unseren Tagen stellen.

Zwangsweise Übertritte sind sehr selten und wurden auch in alter Zeit nicht unbedingt gewünscht; denn die Steuern der *dhimmī* waren eine willkommene Bereicherung der Staatskasse. Dagegen sind Übertritte aus praktischen Gründen oft vorgekommen. Doch bestand grundsätzlich kein Berufsverbot für Nichtmuslime; viele von ihnen hatten hohe Stellungen bei Hofe, vor allem die christlichen Ärzte. Auch die Verwaltungsarbeiten wurden oft von den in dieser Sparte erfahrenen Christen übernommen, so dass man dem Propheten einen Ausspruch zuschrieb, wonach die Kopten den Gläubigen zur Frömmigkeit helfen sollten, indem sie ihnen die weltlichen Arbeiten abnehmen. Man kann auch an die zahlreichen jüdischen Ärzte und Geldverleiher denken, die seit dem Mittelalter in den islamischen Gebieten tätig waren; es ist typisch, dass die bei der Rückeroberung Spaniens vertriebenen spanischen Juden sich ins Osmanische Reich begaben, weil die dortige islamische Regierung sie als *dhimmīs* schützte und ihnen Arbeitsmöglichkeiten gab.

Schwere Strafe steht auf Abfall vom Glauben. »Der *murtadd* (›Abtrünnige‹) hat den Zorn Gottes und schwere Strafen zu gewärtigen«, heißt es im Koran. In zahlreichen *Ḥadīthen* wird die Todesstrafe gefordert, in der Rechtswissenschaft Tod durch das Schwert. Jedoch ist eine Milderung der Strafe zulässig, falls der Abfall unter Zwang geschah.

Theologie und Philosophie

Die Auseinandersetzung zwischen Islam und Christentum spiegelt sich in zahlreichen Disputen und apologetischen Werken auf beiden Seiten wider. Gerade die Tatsache, dass der Koran eine Anzahl von Berichten über Jesu Leben enthält, die selbstverständlich von den Muslimen – als Gottes Wort – für unwiderleglich gehalten werden, ob sie auch dem christlichen Dogma widersprechen mögen, hat die Spannung zwischen den Religionen verschärft. Die jungfräuliche Geburt Jesu wird im Koran anerkannt; er ist das Wort, das Gott in Maria legte. Aber das besagt nicht, dass er als Gottes Sohn bezeichnet werden darf – er ist der letzte große Prophet vor Muḥammad, ein Musterbild der Armut und Bescheidenheit, dem es fernlag, göttliche Ehren zu beanspruchen. Maria ist, nach islamischer Anschauung, eine der vier besten Frauen, die je auf Erden geweilt haben, und ist nicht wie andere Kinder vom Satan berührt worden. Die wunderbare Schilderung von Mariae Verkündigung im *Mathnawī* (III,3700 ff.), dem großen mystischen Lehrgedicht Ǧalāluddīn Rūmīs, ließe sich den schönsten christlichen Mariendichtungen an die Seite stellen.

Jesu Leben wird im Koran nur andeutungsweise erzählt. Eingewoben werden hier und in späteren Traditionen apokryphe Erzählungen, wie die Belebung der Tonvögel durch seinen Atem (daher das in der Dichtung ungezählte Male gebrauchte Bild vom belebenden Atem Jesu). Aber die tatsächliche Kreuzigung Jesu wird abgelehnt; sagt doch der Koran:

> »Und wenn sie sprechen: Wir haben den Messias Jesus, den Sohn der Maria, den Gesandten Allahs, getötet –

> nicht haben sie ihn getötet und nicht gekreuzigt, sondern es erschien ihnen nur so. Vielmehr erhöhte ihn Allah zu sich, und Allah ist allmächtig und weise.«
>
> (Sure 4,157 f.)

Daher wird die für den Christen zentrale Stellung des Kreuzes von keinem Muslim verstanden, um so weniger, als man keinerlei Notwendigkeit für eine Erlösungstat Christi sieht, da der Islam keine Erbsünde kennt. Nach Lehre der Aḥmadiyya ist Jesus, nachdem ein anderer an seiner Stelle gekreuzigt worden war, nach Kaschmir gezogen und dort gestorben; sein Grab wird nahe Srinagar gezeigt. Damit nimmt die Aḥmadiyya eine sowohl für Christen wie für Muslime unakzeptable Stellung ein.

Die moderne Bibelkritik wird von gebildeten Muslimen als ein Beweis der Wahrheit des Koran aufgefasst, der ja Veränderungen im Alten und Neuen Testament behauptet. Aus verschiedenen Stellen der Bibel werden Weissagungen über das Kommen Muḥammads gelesen, insbesondere die Verheißung des Paraklet ist zu allen Zeiten als ein Hinweis auf Muḥammad, den »sehr Gepriesenen« (*pericletos*, Sure 61,6), der die Fülle der Offenbarung bringen werde, verstanden worden.

Das Problem der Natur Christi, das die altkirchliche Dogmatik besonders bewegte, hat auch auf die Entwicklung des islamischen Dogmas Einfluss gehabt. Christi Stellung als Logos, als »Wort« Gottes, hat auf islamischer Seite die Theorie von der Unerschaffenheit des Koran als des wahren Wortes Gottes befruchtet: Was die Person Christi für das Christentum ist, das ist der Koran für den Islam. Harry A. Wolfson hat daher von *Inlibration* gegenüber der christlichen *Inkarnation* gesprochen. Muḥammad ist *ummī* »des Lesens unkundig«, weil er ein reines Gefäß für das Gotteswort sein musste, so wie Maria Jungfrau war, um das unbefleckte Gefäß für die Inkarnation zu sein. So kann der Muslim beten:

»O Herr, schmücke uns mit dem Schmuck des Koran,
Und begnade uns durch die Gnade des Koran,
Und ehre uns durch die Ehre des Koran,
Und kleide uns mit dem Ehrengewand des Koran,
Und lass uns ins Paradies eingehen durch die Fürsprache des Koran,
Und befreie uns von allem Übel der Welt und der Qual des Jenseits um der Ehre des Koran willen …

O Herr, mach uns den Koran in dieser Welt zum Gefährten

Und im Grab zum Vertrauten,
Und bei der Auferstehung zum Freunde,
Und auf der Brücke zum Licht,
Und im Paradies zum Genossen,
Und zu einem Schleier und Schutz vor dem Feuer,
Und zu einem Führer zu allen guten Werken,
Durch Deine Gnade und Güte und Huld.«

Die Frage nach dem Wesen des Koran führt uns bereits in die wichtigsten Probleme der islamischen Dogmatik. Das erste Problem, mit dem man sich auseinandersetzte, war dem Charakter des Islam entsprechend ein religiös-politisches: die nach dem rechten *Imām*.

Als 657 ʿAlī ibn Abū Ṭālib, der vierte Kalif, Vetter und Schwiegersohn des Propheten, und sein Gegner, der künftige Omayyadenherrscher Mu'āwiya, sich in der Schlacht von Ṣiffīn gegenüberstanden und Mu'āwiya angesichts einer drohenden Niederlage seinen Soldaten befahl, Korane oder Koranblätter auf ihre Lanzen zu stecken, um den Kampf durch das Wort Gottes zu entscheiden, trennte sich eine Gruppe von 'Alī, weil er sich dem Schiedsgericht unterworfen hatte. Denn hier ging es um die Frage, wie weit der *Imām*, der Leiter der Gemeinde, durch seine ethischen Qualitäten charakterisiert sein musste. Damit war grundsätzlich die Frage nach dem Verhältnis von Glaube und Werken gegeben. Die »ausziehende« Partei, die Khāriǧiten, welche gegen ihren ehemaligen Führer 'Alī Stellung nahmen, weil er sich nicht ausschließlich auf Gottes Entscheidung verlassen habe, können als ethische Maximalisten bezeichnet werden: Sie erkennen keinen Glauben ohne Werke an und behaupten, der Glaube könne durch gute Werke zunehmen. Kulthandlungen seien nicht nur im Zustand äußerlicher Reinheit, sondern auch der Gewissensreinheit auszuführen. Jeder, der eine große Sünde begehe, sei kein Muslim mehr und verdiene ewige Höllenstrafe. (Unter die schweren Sünden fallen z.B. Abgötterei, Zauberei, Mord, Veruntreuung des Eigentums der Waisen, Wucher, Fahnenflucht, Schändung gläubiger Frauen.)

So bildete sich eine kleine, jede gegnerische Ansicht scharf bekämpfende Gruppe heraus, die einen völligen Nonkonformismus vertrat und die Würde des Kalifen nur dem religiös Makellosen – »sei es auch ein abessinischer Sklave« – übertragen wollte; sie spaltete sich von der Allgemeinheit ab und hielt sich deshalb vor allem in Randgebieten der islamischen Welt.

Was die Haltung der islamischen Öffentlichkeit zu dieser wie zu anderen Gruppen angeht, so hat Sir Hamilton Gibb treffend formuliert: »Das *Sunna*-Prinzip war, die Grenzen der Tolerierung so weit wie möglich zu ziehen. Keine große religiöse Gemeinschaft hat jemals den katholischen Geist voller besessen oder ist bereiter gewesen, ihren Mitgliedern die weitestgehende Freiheit zu erlauben, vorausgesetzt, dass diese die Mindestforderungen des Glaubens annahmen. Keine Gruppe religiöser Sektierer ist jemals von der orthodoxen islamischen Gemeinschaft ausgeschlossen worden außer denen, die einen solchen Ausschluss wünschten und sich so selbst ausschlossen.«

Dieses Prinzip lässt sich schon in der ältesten Zeit deutlich erkennen. Vor allem eine Gruppe, deren Anschauungen denen der Khāriǧiten entgegengesetzt war, vertrat es; das sind die *Murǧiten* (»Aufschiebende«) Genannten, deren Ansicht war, man habe das Urteil über einen Menschen Gott zu überlassen; der Glaube sei nicht durch Werke zu vermehren oder zu vermindern, sondern sei in erster Linie eine Herzensangelegenheit. Auch sei derjenige, welcher eine schwere Sünde begangen habe, kein Ungläubiger und verdiene deshalb nicht die ewige Höllenstrafe.

Probleme dieser Art sind im Koran nicht systematisch behandelt, und da Muḥammad Prophet und nicht Theologe war, hat er sich auch nicht um strenge Systematisierung bemüht, und jede Gruppe konnte ihren Anschauungen gemäße Koransprüche oder Ḥadīthe finden. Das gilt besonders für eine Frage, die bis heute die Gemüter bewegt: die Vorherbestimmung. Ist der Mensch frei, oder ist jede seiner Taten vorherbestimmt? Der Koran sagt einerseits:

»Und wer immer den Lohn dieser Welt begehrt, dem geben Wir von ihm,
und wer immer den Lohn des Jenseits begehrt, dem geben Wir von ihm,
und wahrlich, Wir belohnen die Dankbaren!«
(Sure 3,139)

Und andererseits:

»Also belässt Allah im Irrtum, wen Er will, und Er leitet recht, wen Er will!«
(Sure 74,34 u.a.)

So schlossen sich die *Ǧabriten* (von *ǧabr* »Zwang«) den letztgenannten Koranworten an und hielten alles bis ins Kleinste für vorausbestimmt – ihre Richtung war bei den omayyadischen Herrschern beliebt, da durch sie auch politisch missliebige Taten befriedigend erklärt werden konnten. Ihnen gegenüber standen die *Qadariten*, die dem Menschen die Möglichkeit zugaben, seine Werke nach eigenem Willen zu tun und dadurch in weiterem Sinne für sie verantwortlich zu sein. Zwischen den Khāriǧiten und den Murǧiten entwickelten sich die Anschauungen der *Muʿtazila*, der »sich Abtrennenden«, die zunächst in der Frage nach dem religiösen Status eines, der eine große Sünde begangen hat, eine Zwischenstellung einnahmen: Nach ihrer Meinung ist dieser weder Gläubiger noch Ungläubiger.

Man hat die *Muʿtazila* früher als Freidenker des Islam bezeichnet – das ist als unrichtig nachgewiesen worden: Im Gegenteil, ihr Anliegen ist echt religiös und sehr ernst. Sie stehen auf Seiten der *Qādarīya*, geben also den freien

Willen des Menschen zu; sie versuchen, den Islam gegen von Persien einströmende dualistische Einflüsse abzuschirmen, und weisen in der Diskussion der Vernunft eine wichtige Rolle zu. Die Arbeit, welche die Mu'tazila in ihren vielfältigen Verzweigungen vom 8. bis Anfang des 10. Jahrhunderts leistete, war sehr bedeutsam – galt es doch, die einfache, in Medina beheimatete Tradition mit den Erfordernissen einer verfeinerten, von hellenistischer Tradition beeinflussten Zivilisation in Übereinstimmung zu bringen, wie sie jetzt durch die Berührung mit den unterworfenen Völkern bekannt wurde. Das machte es notwendig, die schlichten Glaubenssätze in dogmatische, philosophisch annehmbare Formen zu bringen.

Die erste große Gefahr, die sich im islamischen Bereich zu Beginn der Abbasidenzeit zeigte, war der iranische Dualismus. Die Jahre 783–786 brachten eine Verfolgung der als *zindīq* bezeichneten Ketzer, bei denen auch manichäische Infiltrationsversuche zu beobachten waren. Aus diesem Grunde legte die *Mu'tazila* Wert auf schärfste Formulierung des *tauḥīd*, des »Einheitsbekenntnisses«. Das besagte für sie, dass es unmöglich eine Ähnlichkeit zwischen Gott und Schöpfung geben könne (im Gegensatz zum naiven Anthropomorphismus der Traditionsschulen, welche Koranaussagen wie »Gott steigt herab« durchaus wörtlich nahmen). Solche Anthropomorphismen im Koran seien allegorisch zu deuten; was die göttlichen Attribute angehe, so seien sie mit dem göttlichen Wesen identisch. Neben Gott könne nichts Gleich-Ewiges bestehen, das wäre eine Beeinträchtigung seiner Einzigkeit. Daraus ergibt sich, dass sein Hören, Sehen, Sprechen usw. nicht urewig sein können, da dann neben ihm etwas bestünde, und dass infolgedessen auch der Koran nicht das ungeschaffene Wort Gottes, sondern eine geschaffene Wesenheit ist. An diesem Postulat entzündete sich der heftige Kampf der *Mu'tazila* mit der Orthodoxie. – Der zweite wichtige Punkt der mu'tazilitischen Lehre ist die Gerechtigkeit Gottes: Gott *muss* gerecht handeln, er kann dem Menschen nicht Gutes mit Bösem vergelten; selbst Tiere müssen im Jenseits für erlittenes Unrecht entschädigt werden. Dabei wird »Gerechtigkeit« nach dem menschlichen Verstand beurteilt; so besteht die Gefahr, dass dem freien Menschen ein durch seine Gerechtigkeit unfreier Gott gegenübergestellt wird. Der Kalif Ma'mūn nahm 827 die mu'tazilitischen Lehren offiziell an, und sie blieben unter den folgenden beiden Kalifen weiter in Kraft. Die altgläubige Orthodoxie, als deren berühmtester Vertreter Aḥmad ibn Ḥanbal zu nennen ist, wurde verfolgt, die primitive Frömmigkeit des Volkes verachtet, ja diejenigen, welche die mu'tazilitischen Glaubenssätze nicht verstanden und annahmen, geradezu als Ungläubige behandelt. Erst unter Mutawakkil wurde die Herrschaft des mu'tazilitischen Dogmas gebrochen und die Lehre vom Erschaffensein des Koran streng verboten.

Die schweren geistigen Kämpfe zwischen den beiden Richtungen wurden zunächst einigermaßen überwunden durch al-Aš'arī (gest. 935), der, aus der *Mu'tazila* hervorgegangen, seine alte Schule mit deren eigenen Mitteln bekämpfte, d.h. das scholastische Denken auch in die altgläubigen Kreise einführte. Im Osten leistete Māturīdī eine ähnliche Arbeit. Der Glaube an die Unerschaffenheit des Koran hatte sich durchgesetzt. Was zwischen den beiden Einbanddeckeln des Heiligen Buches steht, ist Gottes unerschaffenes Wort; unsere Aussprache davon ist geschaffen.

Al-Aš'arīs Lehre ist eine typische Vermittlungstheologie. Sie lehrt, dass Gott nicht den menschlichen Kategorien des Denkens entsprechend vorzustellen ist, dass seine Hände, sein Angesicht, seine im Koran erwähnten Bewegungen »ohne Wie« zu verstehen sind, dass der Mensch weder ganz frei noch ganz unfrei ist, sondern seine ihm bestimmten Taten »erwirbt« und sie sich so zu eigen macht. Was uns als logische Folge von Ursache und Wirkung erscheint, ist nur die seit langem eingespielte, aus gleichen Ursachen gleiche Wirkungen hervorbringende göttliche Gewohnheit; wird dieser Ablauf unterbrochen, so entsteht ein Wunder (*khāriq ul-'āda* »was die Gewohnheit unterbricht«). Typisch dafür ist die Erzählung von dem persischen Frommen, der gegen einen Feueranbeter beweisen wollte, dass Feuer Brandwunden nur auf jedesmal neuen Befehl Gottes verursachen kann: Er durchschritt in Trance einen brennenden Scheiterhaufen, ohne sich mehr als eine Wunde am Fuß zuzuziehen, als er aus der Versenkung zu sich kam – für uns eine Darstellung ekstatischer Kräfte, für die Frommen des 10. Jahrhunderts ein Beweis für das »Durchbrechen der Gewohnheit« Gottes.

In der Entwicklung des orthodoxen Systems spiegeln sich religiöse und politische Gefahren, denen ausgewichen werden musste, deutlich wider; gleichzeitig ist eine immer stärkere Erstarrung der Formeln der Bekenntnisse und eine schärfere scholastische Begriffsbildung festzustellen. Diese Denkweise, in der sich noch heute der gebildete Muslim bewegt, wenn es sich darum handelt, die Rationalität seines Glaubens zu beweisen, macht es einem dieser

Denkgewohnheit fremden Europäer schwer, in eine Diskussion über religiöse Probleme einzutreten.

Das Glaubensbekenntnis, das – als Säule des Islam – nur die Anerkenntnis der Einheit Gottes und das Prophetentum Muḥammads besagt, ist in der heute allgemein auswendig gelernten Form, gegründet auf koranische Aussagen wie Sure 2,285, im *Fiqh Akbar* des Abū Ḥanīfa enthalten und lautet:

> »Ich glaube an Allah und seine Engel, seine Bücher und seine Gesandten, an den Jüngsten Tag, die Auferstehung nach dem Tode, die Vorherbestimmung seitens Allah – die gute wie die schlimme –, an das Gericht, die Waage, das Paradies und das Höllenfeuer – das alles ist Wahrheit.«

Der Glaube an die Propheten umfasst alle Gesandten von Adam über Abraham, Moses, Jesus bis zu Muḥammad; ihre Zahl wird verschieden angegeben; im Koran nicht namentlich aufgeführte Propheten können anerkannt werden, vorausgesetzt, sie haben vor Muḥammad gelebt und gelehrt. Damit kann ein Muslim theoretisch Buddha oder Konfuzius als Propheten anerkennen. Die geoffenbarten Schriften beschränken sich nach koranischer Auffassung auf die Tora, den Psalter, das Evangelium und den Koran.

Der Glaube an die Engel spielt eine bedeutende Rolle in der islamischen Theologie und noch mehr im Volksglauben; er stützt sich auf zahlreiche Aussagen des Koran. Die wichtigste Stellung unter den Engeln nimmt Gabriel ein (auch als »Heiliger Geist« oder »Vertrauenswürdiger Geist« bezeichnet), welcher den Propheten die Offenbarungen überbringt. Neben ihm steht Michael, dem nach dem

Volksglauben die Naturkräfte und das Zumessen der Nahrung unterstehen. Gewaltig ist, wie die beiden Vorgenannten, auch Isrāfīl, dessen Haupt bis an den göttlichen Thron reicht, während seine Füße unter der siebenten Erde stehen. Er hat vier Flügel, und wenn vor dem Tage des Gerichts alle Wesen, einschließlich der Engel, sterben, so wird Isrāfīl als erster erweckt, damit er die Posaune des Jüngsten Gerichtes blasen kann. Furchtbarer als alle Engel und Mächte aber ist ʿAzrāʾīl, der Todesengel, in seiner kosmischen Größe, mit seinen 4000 mit Zungen und Augen besetzten Flügeln. Sobald auf der Tafel des göttlichen Ratschlusses der Tod einer Person verzeichnet ist, entreißt er dem Menschen die Seele, grausam, wenn es sich um einen Ungläubigen handelt, vorsichtig bei den Gläubigen. Im Grabe begegnen dem Menschen dann die beiden Frageengel Munkar und Nakīr, die ihn auf seinen Glauben prüfen und, wenn es nottut, strafen; damit der Tote die rechte Antwort gibt, wird ihm in der letzten Stunde seines Lebens von seinen Angehörigen das Glaubensbekenntnis vorgesprochen. Aber auch bei Lebzeiten ist der Mensch von Engeln beschützt; man spricht manchmal von zwei, manchmal von vier Schutzengeln, gelegentlich auch von einer ganzen Schar. Auf seiner rechten und linken Schulter sitzt je ein Schreiberengel – der zur Rechten schreibt die Guttaten, der zur Linken die Übeltaten auf; dieser jedoch nicht sofort, sondern erst, wenn der Mensch innerhalb einer bestimmten Zeitspanne nicht bereut.

Neben den mit dem Gang der Welt und dem Schutz der Menschheit beschäftigten, aber immer nur entsprechend Gottes Befehlen handelnden Engeln stehen die ungezählten Scharen, die sich nur dem Lobpreis Gottes widmen –

sie werden oftmals klassenweise entsprechend den sieben Himmeln eingeteilt, bis zu den höchsten vier himmlischen Wesen, welche Gottes Thron tragen. Doch ist der Aufgabenbereich der Engel beschränkt, jeder kennt von Ewigkeit zu Ewigkeit nur *eine* Gebetshaltung, nur *eine* Lobpreisformel. 19 Engel dienen als Höllenwächter. Muḥammad lehnte es ab, den Engeln ein Geschlecht zuzusprechen, und wandte sich besonders gegen die Vorstellung der Mekkaner von den Engeln als Töchtern Gottes. Im allgemeinen wird angenommen, dass Engel aus Licht geschaffen sind und aus einer unzusammengesetzten, daher unverderblichen feinsten Substanz bestehen. Sie wissen nur, was Gott sie wissen lässt, und haben im Grunde keine Entwicklungsmöglichkeit.

Neben dem Glauben an die Engel steht im Islam der an die *ǧinn*, Geistwesen unbestimmten Charakters, dem Guten zugänglich, gelegentlich auch den Islam annehmend. Das alte Arabien kannte die *ǧinn* als Naturgeister, sowie als Inspiratoren der Seher und Dichter, auch als Verursacher der Besessenheit (*maǧnūn* »verrückt« bedeutet »vom *ǧinn* besessen«). Unter diesen Wesen gibt es mehrere Klassen, u.a. die oft in Tiergestalt erscheinenden weiblichen Wüstengeister (*ghūl*). Der Islam erkennt die Existenz der *ǧinn* gesetzlich an (vgl. Sure 72) und gibt sogar die Möglichkeit von Ehen zwischen Menschen und *ǧinn* zu.

Iblīs, der Teufel, wird als gefallener Engel betrachtet; da er sich weigerte, vor Adam niederzufallen und ihn zu verehren, wurde er aus dem Himmel verstoßen. Seine Weigerung wird in der Regel auf seinen Stolz zurückgeführt, da er Gott schon seit Urewigkeiten gedient habe und da er aus Feuer, Adam aber aus Lehm geschaffen sei. Manche

Mystiker sehen allerdings in seiner Weigerung einen Ausdruck seines überspitzten Einheitsbekenntnisses: ihm schien es unmöglich, ein anderes Wesen neben Gott zu verehren. So wird er in der mystischen Schule, die von Ḥallāğ (s. S. 102 f.) ausgeht, zum leidenden Liebenden. *Iblīs* erscheint aber stets, wie man ihn auch ursprungsmäßig einordne, nur als Feind des Menschen und steht immer in gewisser Beziehung zu Gott; er ist keine absolute widergöttliche Macht; d. h., die alte hebräische, aus dem Hiobbuch vertraute Auffassung ist im Islam beibehalten worden.

Die Taten des Menschen werden durch Gottes Macht auf einer ungeheuren Waage gewogen, deren Gewichte Senfkörner sind. Das Buch der Taten wird dem Menschen in die Rechte oder Linke gegeben, oder auch gewogen. Über den Rücken der Hölle ist die Brücke geschlagen, die schärfer als ein Schwert ist und dünner als ein Haar; die Füße der Ungläubigen gleiten darauf aus, und sie fallen ins Feuer, aber die Füße der Gläubigen stehen fest darauf, und sie gelangen hinüber in die ewige Heimat. Beim Gericht werden Unterschiede gemacht zwischen den Menschen. Mit einigen wird scharf abgerechnet, anderen wird Mitleid gezeigt, einige endlich – in erster Linie die Märtyrer – treten ohne Abrechnung ins Paradies ein. Gott fragt, wen er will von den Propheten, über die Ausrichtung seiner Botschaft, und wen er will von den Ungläubigen, über die Ablehnung seiner Botschaft, er wird die Neuerer über die Sunna befragen und die Muslime über ihre Werke. Die Bekenner von Gottes Einheit werden aus dem Feuer gebracht werden, nachdem sie für ihre üblen Taten gebüßt haben, so dass kein Bekenner von Gottes Einheit in der Hölle verbleiben wird. Für die Übeltäter werden Fürsprache einlegen die Propheten, dann die Gelehrten, dann die Blutzeugen, dann die anderen Gläubigen. Wer aber keinen Fürsprecher hat, der soll aus reiner Gnade Gottes aus der Hölle gerettet werden. Wer nur ein einziges Körnchen von Glauben in seinem Herzen hat, wird aus ihr gerettet werden.

Die Vorstellungen von den Jenseitsstrafen sind das Ergebnis einer langen Entwicklung. Als grundlegend kann Sure 11,108/109 gelten:

> »Die Verdammten kommen ins Feuer [...] und bleiben darin, solange Himmel und Erde bestehen, wenn Gott es nicht etwa anders beschließt.«

Früh entwickelt sich der Glaube, dass die um der Religion willen Gefallenen (*šahīd* »Märtyrer«) ohne Befragung durch die Grabesengel ins Paradies eingehen und dort die Auferstehung erwarten.

Über die Ewigkeit der Höllenstrafen waren die Ansichten geteilt. In den meisten frühen Schulen werden sie als Realität angesehen; die Muʿtaziliten hielten sie als logischen Ausfluss von Gottes Gerechtigkeit für notwendig, während al-Ašʿarī ihnen vorwarf, durch diese Anschauung den Menschen die Hoffnung auf Gottes Barmherzigkeit zu rauben. Während Abū Ḥanīfa Himmel und Hölle für Realitäten ansah, die nicht verschwinden werden, hielt ihm Qastallānī das Wort entgegen, dass »alles vergehe, außer dem Angesicht Gottes« (Sure 55,26; 28,88).

Langsam hat sich die mildere Anschauung durchgesetzt, zu der vor allem die Vorstellung beitrug, dass der Prophet die Seinen, auch die größten Sünder, durch seine Fürsprache retten werde. Und viele Fromme haben in einem angeblichen Prophetenspruch Trost gefunden, der verheißt, es werde ein Tag kommen, da die Tore der Hölle schlammig sind und Kresse auf ihrem Boden wächst. Die Mystiker und Philosophen haben freilich die im Volk in glühendsten Farben ausgemalten Bilder von Paradies und Hölle vergeistigt und sie meist als Zustände der Seele erklärt.

Die eigentliche Seligkeit ist die *visio beatifica*, die Schau Gottes, und die Erfahrung immer tieferen Eindringens in die unendlichen Tiefen des Göttlichen.

Die theologischen Auseinandersetzungen der verschiedenen Schulen sowie Berührungen mit den Fremdreligionen, die im Maße der Eroberungen immer ausgedehnter wurden, haben im 10. und 11. Jahrhundert eine Reihe von wertvollen arabischen Schriften entstehen lassen, die sich mit den Eigenheiten der verschiedenen religiösen Strömungen befassen: so das Werk al-Aš'arīs, die eingehenden Studien des Spaniers Ibn Ḥazm (gest. 1064) und des Persers Šahrastānī (gest. 1153) über die verschiedenen Sekten und Religionen. Der Khwarizmier al-Bīrūnī (gest. 1048) wandte den indischen Religionen sein besonderes Interesse zu und schrieb erstmals ein objektives, auf gründlichem Studium beruhendes Buch über Indien. Bīrūnī ist überhaupt einer der bedeutendsten Vertreter der islamischen Wissenschaft, die vom frühen 9. Jahrhundert an auf allen Gebieten große Fortschritte zu verzeichnen hatte.

Einerseits ist es die Philosophie, die in der Entwicklungsphase ihre ersten Versuche unternahm, griechische Überlieferung und islamisches Dogma logisch zu vereinigen. Die Mu'tazila hatte auf diesem Gebiet vorgearbeitet, und zwischen dieser religiösen Richtung und dem »Philosophen der Araber«, al-Kindī (gest. 870), sind Beziehungen festzustellen. Kindī war exakter Naturforscher; er legte erstmals die Betonung auf die Welt der Vernunft, in der allein es Freiheit und Unsterblichkeit gibt; auch übernahm er die neuplatonische Lehre von der Emanation der Einzelseelen aus der Weltseele, die wiederum dem göttlichen Prinzip entstammt.

Charakteristisch für die frühislamische Philosophie ist der Glaube an die grundsätzliche Übereinstimmung von Plato und Aristoteles. Diese Anschauung ist stark ausgeprägt bei dem ersten großen Kommentator des Aristoteles, dem Zentralasiaten Fārābī (gest. 950 in Aleppo). Er behauptete, wie auch seine Nachfolger, die Einheit von Philosophie und islamischer Offenbarung und lehrte, dass Gott die Welt durch sein Denken schaffe.

Ibn Sīnā, Arzt und Philosoph, im Abendland als Avicenna berühmt (gest. 1037), führte die Gedanken seiner Vorgänger weiter; Gott ist die prima causa, und alles möglicherweise Existierende hat im Wissen Gottes seine wesenhafte Vorexistenz. Gegen diese Lehre, die eine Ewigkeit der Welt postulierte (da sie grundsätzlich in Gottes Denken uranfänglich vorhanden sei), sowie gegen die Leugnung der individuellen Unsterblichkeit hat sich die Orthodoxie, besonders der große Denker Ghazzālī, scharf gewendet. So wird Ibn Sīnā, dessen Werk eine Reihe mystischer Züge enthält, in einer bestimmten mystischen Strömung im Osten der islamischen Welt immer als Rationalist angegriffen.

Die Lehre von der Übereinstimmung philosophischer Erkenntnis und göttlicher Offenbarung ist am poetischsten ausgedrückt in dem Roman *Ḥayy ibn Yaqẓān* des Ibn Ṭufail (gest. 1185), Wesir und Hofarzt bei den nordafrikanischen Almohaden. Dieser Roman schildert die Entwicklung eines auf einsamer Insel ausgesetzten Kindes, das sich in Entwicklungsstufen von je sieben Jahren langsam durch alle Stadien menschlichen Lebens wandelt und schließlich zur Höhe reiner Betrachtung gelangt – ein Vergleich der von ihm gefundenen Wahrheiten mit denjenigen, die im Nachbarlande von Propheten verkündigt sind, ergibt die völlige Übereinstimmung beider.

Der Nachfolger Ibn Ṭufails am Almohadenhofe war Ibn Rušd, im Westen als Averroes bekannt (gest. 1198), welcher die Lehre von der grundlegenden Übereinstimmung von Philosophie und Offenbarung weiter ausbaute: Die Philosophie muss die Wahrheit der Prophetie in höherer Form wiedergeben, und die Menschen müssen je nach ihrem Verständnis in dieser oder jener Weise unterwiesen werden: eine Lehre, die durch falsche Übersetzung als Lehre von der doppelten Wahrheit bekannt und verrufen geworden ist. Gegen die früheren Philosophen lehrt Averroes die Anfangslosigkeit der Materie; Schöpfung besteht nicht in einem einmaligen Übergang aus der Potentialität in die Aktualität, sondern geschieht jeden Augenblick. Das Ziel des Menschen ist die Vereinigung des materiellen Intellekts mit dem aktiven Urintellekt; durch diesen bei den Größten der Geistesgeschichte zu beobachtenden Akt wird die Unsterblichkeit gesichert.

Unter den späteren muslimischen Denkern muss der Name des Ibn Khaldūn genannt werden (gest. 1406), der als »erster Soziologe« nicht nur im Islam, sondern überhaupt bezeichnet worden ist; seine Grundkonzeption der

ʿaṣabiyya, des Esprit de corps, Gemeinsinns, Parteigeistes – wie immer man es übersetzen mag –, bildet einen höchst bedeutungsvollen sozialpsychologischen Faktor, der, in Zusammenhang mit religiösem Eifer, ein Volk zum Sieg über andere Staaten führen kann. Das Werk Ibn Khaldūns zeigt auf, wie sich Staaten entwickeln, nach etwa drei Generationen ihren Höhepunkt erreichen und dann, allzuweit ausgedehnt, schwächer werden, während sich an ihren Rändern neue junge Staaten bilden, die im gleichen Rhythmus wachsen und vergehen – eine Tatsache, die sich in der islamischen Geschichte immer wiederholt hat.

In der mittelalterlichen islamischen Welt haben besonders Naturwissenschaften und Medizin eine bedeutende Stellung eingenommen. Die wissenschaftlichen Leistungen der islamischen Völker sind vor allem deshalb beachtenswert, weil sie, nach Neufassung und Erweiterung der griechischen Quellen, in weitem Maßstab die Grundlagen für die exakten Wissenschaften gelegt haben – sei es in der Mathematik, in der Medizin und verwandten Gebieten. Avicennas Werk über Medizin wurde in Europa bis in die Neuzeit verwendet, und zahlreiche naturwissenschaftliche Begriffe in unseren Sprachen verraten das arabisch-islamische Erbe: so Sternnamen wie *Aldebaran* und *Beteigeuze*, und mathematische Terminologie wie *Algebra* und *Algorithmus*, nicht zu vergessen die »arabischen« Zahlen, die eigentlich aus Indien stammen. Ohne sie, und vor allem ohne die von den Arabern übernommene Null hätte sich die moderne Mathematik nicht entwickeln können. Optik und Geometrie, in der die Araber, wie ihre überreichen geometrischen Kunstformen zeigen, führend waren, gehören zu diesem Erbe ebenso wie *Alchemie* und *Alkohol*.

Gerade auf naturwissenschaftlichem Gebiet gewann Europa dann den bis heute sichtbaren gewaltigen Vorsprung vor dem Osten, was die arabischen Reformer zu der Auffassung führt, dass die neuen Naturwissenschaften nicht äußerlich nachgeahmt, sondern, wie es im Mittelalter geschehen war, innerlich selbständig angeeignet und den islamischen Ländern wiederum zu eigen gemacht werden müssen.

Schia und Sektenwesen

Die Schlacht von Ṣiffīn bildet nicht nur den Ausgangspunkt für die Entwicklung der islamischen Dogmatik (s. S. 71), sondern auch für das islamische Sektenwesen, ja die Spaltung des islamischen Gemeinwesens in zwei Hauptzweige.

Die engen Parteigänger ʿAlīs bildeten die *Šīʿat ʿAlī*, die »Gruppe ʿAlīs«. Zu dem allgemein-islamischen Glauben an Allah, Muḥammad, seine Botschaft und den unerschaffenen Koran tritt der Glaube an den *Imām* als rechten Führer der Gläubigen und wahren Interpreten des Koran – hat doch Muḥammad, nach schiitischer Lehre, kurz vor seinem Tode ʿAlī in die inneren Geheimnisse des Glaubens eingeweiht und dieser sein esoterisches Wissen in seiner Familie weitervererbt. Die Vorstellung, welcher Art die Auszeichnung der Familie ʿAlīs ist, zeigt sich freilich in verschiedener Stärke: von der einfachen Bevorzugung eines Nachkommens ʿAlīs als *Imām*, wie es bei den Zaiditen der Fall ist, über den Glauben an eine göttliche Lichtsubstanz bis hin zur Lehre von der Inkarnation der Gottheit in ʿAlī und seinen Nachkommen. Es wird berichtet, dass ʿAlī selbst schon von einigen Anhängern zu seinem Missfallen geradezu religiös verehrt worden sei. Er wird in der Überlieferung der tapfere Held, der mit seinem wunderwirkenden zweischneidigen Schwert Dhū'l-fiqār die Feinde des Glaubens besiegt, ebenso wie er die Gläubigen durch seine Weisheit zu tieferem Verständnis des Islam leitet. Er wird der Heilige schlechthin, der innige Vertraute Muḥammads; um seinetwillen hat die Sonne stillgestanden, wie ihm denn überhaupt später mehr denn tausend Wunder zugeschrieben worden sind; zahlreiche Sprüche und Lebensregeln tragen seinen Namen; er ist der »Freund Gottes«, der *walī Allāh*, wie es die Schiiten noch der üblichen zweiteiligen Formel des Glaubensbekenntnisses zufügen.

Der Tod Ḥusains, des jüngeren Sohnes von ʿAlī und Fāṭima, bei Kerbela am 10. Muḥarram 680, bereicherte die schiitischen Anschauungen um das fruchtbare Passionsmotiv: Dichtung und Prosa sind erfüllt von Klagen um das Schicksal des Prophetenenkels, und sein Tod, wie der, den später noch andere Aliden durch Verfolgungen erlitten, steigerte das tragische Gefühl der Schia. Merkwürdigerweise bildeten sich die ersten typisch schiitischen Lehren nicht um ʿAlī selbst oder einen seiner beiden Söhne von Fāṭima (also die echten Prophetenenkel), sondern um seinen Sohn von einer anderen Frau, Muḥammad ibn al-Ḥanafīya, der 684 starb. Dessen Anhänger Mukhtār verbreitete die Nachricht, dass er nicht gestorben sei, sondern in der Verborgenheit im Gebirge lebe und am Jüngsten Tage als *Mahdī* wiederkommen werde, »um die Erde mit Gerechtigkeit zu füllen, wie sie jetzt mit Ungerechtigkeit gefüllt ist«. Der Parusieglaube wurde bald von Muḥammad ibn al-Ḥanafīya auf die übrigen Angehörigen des Hauses ʿAlīs, richtiger: auf den jeweils als letzten des Geschlechtes angesehenen – 5., 7., 12. – *Imām*, übertragen.

Zunächst konzentrierte sich das Interesse der *Šīʿat ʿAlī* auf die Nachkommen des in Kerbela getöteten Ḥusain; er hinterließ einen Sohn Zain al-ʿĀbidīn, dieser wiederum mehrere Söhne, von denen Zaid, der fünfte in der mit ʿAlī beginnenden *Imām*-Reihe, 740 getötet wurde. Auf diesen führt sich die Gruppe der Zaidīya zurück, die dem sunnitischen Islam sehr nahe steht. Sie legt keinen besonderen

Wert darauf, ob der *Imām* aus der Nachkommenschaft Ḥasans oder Ḥusains stammt. Bis vor kurzem konnten sich zaiditische Herrscher im Jemen halten.

Die übrigen Schiiten erkennen nicht Zaid, sondern seinen Bruder Muḥammad al-Bāqir als fünften *Imām* an, dessen Sohn Ǧa'far aṣ-Ṣādiq als Gründer der von den Zwölfer-Schiiten vertretenen Rechtsschule angesehen wird und auch in der Entwicklung der Mystik eine Rolle spielt. Bei den Söhnen Ǧa'fars teilen sich die Gruppen wiederum – während die heute in Iran herrschenden Zwölfer-Schiiten über Mūsā al-Kāẓim die Reihe bis zum 12. *Imām*, dem angeblich als Kind in die Verborgenheit entrückten Muḥammad al-Mahdī (gest. 874), führen, hat die sogenannte Siebener-Šī'a Mūsās Bruder Ismā'īl anerkannt und wird daher in ihrer Hauptausprägung als Ismailīya bezeichnet.

Die Zwölfer-Šī'a ist seit 1501 Staatsreligion in Persien; sie stützt sich auf den Glauben an den verborgenen *Imām*, den Lenker der Zeit. Doch ist es nicht richtig zu behaupten, dass die *Šī'a* die *sunna*, die »Überlieferung des Propheten«, ablehne; sie erkennt – in mancher Hinsicht noch strenger als die Sunniten – die Tradition sehr wohl an, legt natürlich stärkeres Gewicht auf alidisch gefärbte Überlieferungsworte. Dogmatisch steht die Zwölfer-Šī'a oder *Imāmīya* der *Mu'tazila* in vielen Punkten nahe. In manchen Punkten ist sie fanatischer als die Sunniten (der Ungläubige gilt als unrein; erlaubt ist die Ehe auf bestimmte Zeit). Der *Imām* enthält, nach ihrem Glauben, eine göttliche Lichtsubstanz, die sich forterbt; doch ist die Frage offen, ob der Vater den Sohn, in welchem sich dieses Licht zeigt, als Nachfolger einsetzt, oder ob es automatisch auf den ältesten Sohn übergeht. Die Gräber der

Imāme (besonders Kerbela, Nağaf, Qum) sind vielbesuchte Wallfahrtsorte und bevorzugte Begräbnisstätten. Der Einfluss der Šīʿa in Indien war sowohl in den Dekkan-Staaten (Golkonda) als in Awadh (Lucknow) sehr stark und hat die dortige Literatur wie den Lebensstil beeinflusst; auch in Pakistan gibt es eine beachtliche schiitische Bevölkerung.

Die sogenannte Siebener-Šīʿa, die sich auf den 765 verstorbenen Ismāʿīl stützt, hat während des Mittelalters die islamische Welt zeitweise sehr beunruhigt. Auch hier sind verschiedene Gruppen zu unterscheiden: Die nach ihrem Initiator Ḥamdan Qarmaṭ als Karmaten bezeichneten Ismailiten lassen als letzten *Imām* den Sohn Ismāʿīls, Muḥammad, gelten. Im 9. Jahrhundert begann die karmatische Propaganda, die u.a. eine Art religiösen Kommunismus lehrte; von Kufa aus wurde ihr Schwerpunkt in die arabische Wüste, nach Aḥṣā, verlegt. 930 gelang es den Karmaten, den schwarzen Stein der Kaʿba zu entführen, so dass für 22 Jahre, bis zu seiner Rückgabe, der Pilgerverkehr ruhen musste. Ein Karmaten-Staat bestand zu jener Zeit auch in Multan. Die Karmaten glauben an eine aufsteigende Erkenntnis der göttlichen Wahrheiten durch Initiation und stufenweise Entwicklung; sie verbinden die islamischen Grundbegriffe mit neuplatonischen und gnostischen Ideen, lehren eine Evolution des Menschen, der als Mikrokosmos aufgefasst wird, aus dem göttlichen Wesen in der absteigenden Folge vom universellen Intellekt über die Weltseele, die menschlichen Intelligenzen und das »dunkle Licht«. Das jenseitige Leben, in dem der Mensch endlich von den Einflüssen der Natur und der Sphären gelöst ist, wird als Resultat des Erdenwandels vorgestellt:

Die Guten leben in einer Sphäre der Reinheit, die Bösen schweifen unstet unterhalb der Mondsphäre einher.

Es ist selbstverständlich, dass eine derart ausgerichtete Gruppe den Koran nicht im Wortsinn auffasste; nicht zu Unrecht nennt man die Karmaten ebenso wie die übrigen Siebener-Schiiten auch *Bāṭinīya*, die Leute des »inneren Sinnes«, weil sie mit einer komplizierten Auslegungsmethode die Adepten schrittweise in die inneren Wahrheiten des Heiligen Buches einführten. Der größte Vertreter der ismailitischen Philosophie, der persische Schriftsteller Nāṣir-i Khosrau (gest. um 1072), hat diese »innerliche Auslegung des islamischen Gesetzes sehr schön charakterisiert:

> »Die äußere Bedeutung des Gebetes (*ṣalāt*) ist, Gott mit den Körperhaltungen anzubeten, indem man seinen Körper nach der Gebetsrichtung der Leiber ausrichtet, welche die Ka'ba ist, das in Mekka gelegene Heiligtum des Höchsten. Die geistige Auslegung des inneren Sinnes des Gebetes aber ist, Gott mit seiner denkenden Seele anzubeten, indem man sich, um die Wissenschaft vom Heiligen Buch und vom göttlichen Gesetz zu erlangen, der Gebetsrichtung der Geister zuwendet, welche das Haus Gottes ist – jenes Haus, in welchem die göttliche Erkenntnis wohnt, und das ist der *Imām* der Wahrheit, über ihn der Friede.«

Aus ismailitischen Strömungen entstand die Bewegung der Fatimiden, die, zu Beginn des 10. Jahrhunderts von Nordafrika aufbrechend, im Jahre 969 Ägypten eroberten und dort ein zwei Jahrhunderte dauerndes Reich aufbauten. Unter den fatimidischen Herrschern ist vor allem der

– wahrscheinlich geistig nicht ganz normale – Ḥākim zu nennen, der 1021 auf geheimnisvolle Weise verschwand, nachdem seine Anhänger ihn schon zuvor (1017) als Inkarnation Gottes erklärt hatten. Ein Hauptpropagandist dieser Ideen war, neben dem schriftstellerisch tätigen Perser Ḥamza, Ismā'īl ad-Darazī. Nach ihm nennen sich heute noch die im Libanon und Hauran lebenden Drusen, welche an die Wiederkunft des göttlichen Kalifen Ḥākim glauben, sich aber äußerlich möglichst den herrschenden Religionsformen angepasst haben (die Verheimlichung des Glaubens bei Gefahr gehört zu den Eigenheiten schiitischer Ethik). Die fatimidische Linie spaltete sich nach dem Tode des Kalifen Mustanṣir 1094, als das ägyptische Volk sich seinem Sohn Musta'lī anschloss, während der eigentliche Thronerbe Nizār flüchten musste. Er und sein kleiner Sohn wurden von Ḥasan-i Sabbāḥ in der Felsenburg Alāmūt in Persien geschützt; von dort nahm die Bewegung der Assassinen ihren Ausgang, jener Männer, die, dem Meister blind ergeben, politische Morde vollbrachten und sich dabei meist selbst aufopferten. Der Name Assassinen ist entstellt aus *Ḥaššāšīyūn* »Haschisch-Esser«. Sie spielten auch in den Kreuzzügen eine Rolle; der geheimnisvolle »Alte vom Berge«, der seinen Sitz in Nordsyrien hatte, hat durch seine Getreuen manchmal in die Kämpfe eingegriffen. Erst 1256 wurde Alāmūt von den Mongolen, 1272 die letzten syrischen Stützpunkte der geheimnisumwitterten Gruppe durch die Mamluken eingenommen.

Die Anhänger Musta'līs hatten lange ihren Hauptsitz im Jemen; ihre Missionare wirkten vor allem in Gujarat, und Missionare der Nizārīs folgten dort und in Sind. Vielleicht machte die frühere Anwesenheit der Karmaten um

Multan ihre Missionsarbeit leichter; in jedem Fall verstanden sie es, durch eine esoterische Umformung gewisser hinduistischer Vorstellungen Anhänger unter der Sindhi- und Panjabi-Bevölkerung zu gewinnen (ʿAlī erscheint z. B. als der erwartete zehnte *avatār* Vishnus). Die religiösen Gesänge, *gināns*, die in den verschiedenen Sprachen (Sindhi, Gujarati, Panjabi u.a.) verfasst wurden, nehmen die Bildersprache volkstümlicher mystischer Lieder auf und sind in einem speziellen Alphabet, *Khojki*, geschrieben.

Die indischen Ismailis sandten ihre Abgaben zu ihrem Führer in Iran, der dann 1839 nach Indien kam: Es ist der Aga Khan, der nun seine Anhänger in die moderne Zeit führte. Der berühmte Sultan Muḥammad Aga Khan III. hat im Laufe seiner über 60 Jahre währenden Wirkungszeit die Ismailis zu einer modernen erfolgreichen Gruppe entwickelt, die in Pakistan, Bombay und in den Bergen von Hunza und Chitral leben, von denen aber auch viele auf sein Geheiß nach Ostafrika auswanderten. Infolge der politischen Situation hat sich ein großer Teil der als *Khojas* bezeichneten Agakhanis in Kanada und den USA niedergelassen; auch in England und Portugal gibt es größere Gruppen von Ismailis, die straff organisiert sind und im Aga Khan den *ḥāẓir imām*, den »gegenwärtigen *Imam*«, erblicken.

Für die Mustaʿlī-Anhänger ist *sayyidnā* »unser Herr« der geistige Führer, das Oberhaupt; die als *Bohora* bezeichneten Mustaʿlier sind gleichfalls eine erfolgreiche Gruppe innerhalb des indischen Islam, und aus einer ihrer Splittergruppen sind einige der bedeutendsten Denker und Aktivisten des modernen Indien hervorgegangen, wie A. A. A.

Fyzee, dessen Werk über den Gesetzeskodex des fatimidischen *Qāḍī Nuʿmān*, dem die Bohoras noch folgen, sowie seine moderne Auslegung des Islam sehr wichtig sind. Badruddīn Tayyabiji, der erste muslimische Präsident der indischen Congress Party, gehört ebenso hierher wie Atiya Begum, die aktive frühe Seelenfreundin Muḥammad Iqbāls. Und es sollte nicht übersehen werden, dass M.A. Jinnah (Ǧināḥ), der Quaid-i Aʿzam und politischer Architekt Pakistans, einer Ismaili-Familie entstammte.

Am Ende des 14. Jahrhunderts erscheint die Richtung der *Ḥurūfī*, als deren Gründer Faḍlallāh von Astarābād gilt. Er verband schiitische Ideen mit einer Art kabbalistischer Lehren über die tiefere Bedeutung von Zahlen und Buchstaben, wie sie unter den Mystikern üblich waren; seine Spekulationen leben teilweise in türkischen Derwischorden weiter, vor allem unter den Bektāšī, die stark schiitische Tendenzen zeigen – die sehr reizvolle, in volkstümlicher Form geschriebene Bektāšī-Lyrik der Türkei weist viele Loblieder auf ʿAlī und seine Familie auf, deren Namen oft in bildhafter Kalligraphie dargestellt werden. Die *Ḥurūfī*-Sekte hat einen ihrer bedeutendsten Vertreter in dem grausam hingerichteten türkischen Dichter Nesīmī (gest. 1417). Später haben sich teilweise ḥurufische Tendenzen mit dem *ǧafr* verbunden, dem angeblichen Geheimwissen der Prophetenfamilie, mit dessen Hilfe man in kunstreichen Deutungen des Buchstaben- und Zahlenwertes von Koranversen usw. die Zukunft ergründen kann.

Allen Schiiten eigen ist die Ablehnung der ersten drei Kalifen, die, nach Ansicht der ʿAlī-Getreuen, Usurpatoren waren, da das Kalifat ohne jeden Zweifel ʿAlī zugedacht war. Daher werden ihre Namen in schiitischen Gebieten nicht als Eigennamen verwendet. Die Zaiditen, als gemäßigte Richtung, sehen von der bei den übrigen Schiiten üblichen Schmähung Abū Bakrs, ʿOmars und ʿOthmāns ab.

In Persien entwickelte sich aus der *Šīʿa* eine neue Strömung, die sich zunächst auf von der Schule der Schaikhis vertretene Theorien stützt. Es ist der Bābismus, so genannt, weil sich der Begründer dieser Richtung, Muḥammad ʿAlī von Tabrīz, im Jahre 1826 als *Bāb*, die »Pforte« (durch welche der Gläubige zu Gott eingeht), erklärte. Die *Bābī*-Bewegung wurde in Iran heftig verfolgt, der Bāb und seine getreuen Anhänger, darunter die begabte junge Dichterin Ṭāhira, wurden hingerichtet. (Die Befreiung der Frau von der strengen Verschleierung machte den Bābismus besonders anziehend für Frauen.) Der Bābismus, welcher der Zahl 19 einen besonderen Wert beimisst, weil in dieser der Zahlenwert von *wāḥid* »Einer« enthalten ist, legt vor allem Wert auf die sittliche Haltung. Aber während er sich doch noch einigermaßen im Rahmen der schiitischen Anschauungen hielt, hat sich unter dem Nachfolger des Bāb, Bahā'ullāh (gest. 1892), die Richtung der *Bahā'i* herausgebildet, die nach ihrer eigenen Formulierung zum Islam stehen wie das Christentum zum Judentum: Sie heben das islamische Gesetz auf und propagieren die Gleichheit aller Menschen.

Mystik und Ordenswesen

In dem feinen Netz dogmatischer Unterscheidungen und scholastischer Methoden, in den von Jahr zu Jahr zunehmenden äußerlichen gesetzlichen Vorschriften hätte das innere Leben des Islam ersticken können, wenn nicht eine neue Strömung aufgetreten wäre. Die Mystik ist es, die dem Islam in weiten Gebieten eine besondere Prägung verliehen hat. Diese Mystik wird als Sufismus (*taṣawwuf*, von *ṣūf* »Wolle« abgeleitet) bezeichnet; das weist auf ihren ursprünglich asketischen Charakter hin; denn ähnlich manchen christlichen Asketen des Nahen Ostens trugen auch einzelne Asketen das dunkle (meist dunkelblaue) Wollgewand.

Schon bald nach Muḥammads Tod zeigte sich die Spannung zwischen den welterobernden Herrschern und jenen Frommen, die tief von der koranischen Gerichtsdrohung beeinflusst waren. Ḥasan al-Baṣrī (gest. 728), der von den meisten theologischen Richtungen als Zeuge angerufen wird, hat diese Gerichtsangst immer wieder hervorgehoben:

> »O Menschenkind, du wirst allein sterben und allein in das Grab eingehen und allein auferweckt werden, und allein mit dir wird abgerechnet werden. O Menschenkind, du bist gemeint, auf dich ist es abgesehen.«

Aus seiner Nachfolge stammen die ersten bekannten Asketen des irakisch-syrischen Raums, die sich soweit wie möglich dem nächtlichen Gebet widmeten, weit über die gebotene Zeit hinaus fasteten und sich nicht nur des Verbotenen oder Verpönten, sondern auch des Erlaubten oder

Zweifelhaften strikt enthielten. Sie führten den Kampf gegen die Triebseele (*nafs*), der in einem berühmten Ausspruch als der »größere heilige Krieg« bezeichnet wird, und die ständige Kontrolle aller seelischen Regungen wurde von ihnen zu einer feinen Wissenschaft ausgebaut. Asketische Bewegungen finden sich nicht nur im Zweistromland, sondern noch mehr in Ostiran, Khorassan, wo Einflüsse buddhistischer Ideale nicht auszuschließen sind: Der erste große Asket des Ostens, Ibrāhīm ibn Adham (gest. um 780), stammte aus Balkh im alten Baktrien; auf ihn ist ein Motiv der Buddha-Legende (der Prinz, der in die Heimatlosigkeit zieht) übertragen worden. Für ihn und seine Landsleute war das wichtigste Ziel das absolute Gottvertrauen (*tawakkul*), das weit über den praktischen Rat des Propheten: »Erst binde dein Kamel an, und dann vertrau auf Gott!«, hinausging: völliger Verzicht auf Wegzehrung, auf medizinische Hilfe, selbst auf Speise, die nicht direkt gesandt wurde – die Heiligenviten berichten groteske Auswüchse dieses Gottvertrauens. Für die späteren Sufis blieb *tawakkul* eine ethische Forderung, wurde aber nicht in dieser übertriebenen Weise praktiziert.

Einer der wichtigen Zentralbegriffe der Frühzeit, die bis heute gültig sind, ist *faqr* »Armut«. Beruhend auf einem Prophetenwort *faqrī fakhrī* »Meine Armut ist mein Stolz«, wurde zunächst der Verzicht auf Besitz gefordert, wie er sich lange als sufisches Ideal gehalten hat. Doch wie »Gottvertrauen« wird auch »Armut« verinnerlicht: Es ist das Gefühl des Armseins vor dem sich selbst genügenden, ewig reichen Gott und das Bewusstsein, nichts selbst zu besitzen; irdische Güter sind zeitlich begrenzt, und der dankbare Reiche, der sich in jedem Moment seines Reichtums entäußern kann, steht ebenso hoch wie der geduldige Arme. Als Aufgeben aller weltlichen Bindung wird *faqr* dann fast gleichbedeutend mit *fanā*, dem »Entwerden«, wie es ein vom 12. Jahrhundert an oft zitierter persischer Spruch sagt: »Wenn Armut vollkommen wird, ist es Gott« – d.h., der Mensch entwird dann ganz in dem Ewig-Reichen.

Im ständigen Kampf gegen die Triebseele spielen nicht nur Armut und Fasten, Wachen und oft auch Schweigen eine Rolle, sondern eine genaue Beobachtung der seelischen Regungen; denn schlimmer als alles andere sind Hochmut, Selbstgefälligkeit und Suchen nach dem Lob der Menschen. »Die Triebseele hat einen Rosenkranz in der einen, einen Dolch in der anderen Hand«, sagt Rūmī, um auf die Gefahr hinzuweisen, dass man sich an seinem eigenen frommen Wesen, dem Ruf der Heiligkeit, freut. Lieber nach außen sündigen und den Zorn der Menschen auf sich ziehen als sie durch Frömmigkeit begeistern – das war die Ansicht der *malāmātīya* »jener, die Tadel (*malāma*) auf sich ziehen«, wie eine Gruppe im 10./11. Jahrhundert genannt wurde. Auch ihr Tun ist jedoch nicht vollkommen, denn solange sich der Sufi noch um Lob oder Tadel der Menschen kümmert, hat er seinen eigentlichen Weg noch nicht gefunden. Das Ziel ist zunächst *riḍā* »Zufriedenheit« – Dankbarkeit für alles, was kommt. Eine Geschichte aus dem 10. Jahrhundert verdeutlicht diesen Begriff:

> »Ein Mystiker sagte in seinem Gebet: ›O Gott, bist Du damit zufrieden, dass ich mit Dir zufrieden bin?‹ Da vernahm er eine Stimme: ›Du Lügner, wenn du mit Mir zufrieden wärest, so würdest du Meine Zufriedenheit nicht suchen!‹«

Die asketische Lebensführung blieb nicht lange Selbstzweck; in der Mitte des 8. Jahrhunderts werden erste Ansätze zu einer echten Liebesmystik sichtbar, die ihre klassische Vertreterin in Rābi'a von Basra (gest. 801) fand. Zahlreich sind die Legenden, die sich um die erste große Heilige des Islam ranken, am bekanntesten wohl diese:

> »Man sah sie in den Straßen von Basra, eine Fackel in einer, einen Eimer in der anderen Hand tragend; und auf die Frage nach dem Sinn ihres Tuns antwortete sie: ›Ich will Feuer ins Paradies werfen und Wasser in die Hölle gießen, damit diese beiden Schleier verschwinden und niemand mehr Gott anbetet aus Sehnsucht nach dem Paradies oder aus Höllenfurcht, sondern einzig und allein aus Liebe zu Ihm.‹«

Diese absolute Liebe, die nicht mehr nach Jenseitsstrafen und -belohnungen fragt, wird zu einem Zentralthema der mystischen Poesie bis heute.

Die Orthodoxie lehnte es jedoch ab, den Begriff »Liebe« für das Verhältnis von Mensch und Gott zu verwenden; Liebe, so sagte man, sei Liebe zu Gottes Geboten und daher strikter Gehorsam. Doch das starke Liebeselement ließ sich nicht verdrängen; und die Mystiker konnten sich stets auf Sure 5,59 berufen: »Er liebt sie, und sie lieben Ihn«, wodurch die Möglichkeit der wechselseitigen, von Gott ausgehenden Liebe bewiesen werden konnte.

In den auf Rābi'as Tod folgenden anderthalb Jahrhunderten wurden diese Theorien weiter ausgearbeitet. In ihrem irakischen Heimatland findet sich eine ganze Reihe von Mystikern, in deren Aussprüchen neue Definitionen der Liebe wie auch der anderen mystischen Zustände und

Stationen zu finden sind. Daneben steht ein Psychologe wie Muḥāsibī (gest. 857), nach seiner nüchternen intensiven Selbsterforschung (*muḥāsaba*) benannt; und ein tiefgründiger Geist wie Kharrāz, dessen Wichtigkeit für die Formulierung des mystischen Einheitsbekenntnisses erst langsam deutlich wird – er war es, der den Ausspruch tat, dass »Nur Gott das Recht hat, Ich zu sagen«, und damit die Ausweitung des Glaubensbekenntnisses zu seiner späteren umfassenden mystischen Form »Es gibt nichts Existierendes als Gott« vorbereitete. Gleichzeitig finden wir in Ägypten Dhū'n-Nūn (gest. 859), von nubischer Abkunft; von Wundergeschichten umgeben und als einer der ersten, die über *ma'rifa* »Gnosis« sprachen, berühmt, war er es, der wieder die Natur als Zeugin Gottes entdeckte und ihr, anders als die welthassenden Asketen, einen eigenen Wert beilegte, da ja alles Geschaffene Gott lobt:

> »O Gott, nie habe ich auf den Laut eines Tieres oder auf das Rauschen eines Baumes, auf das Murmeln eines Wassers oder den Gesang eines Vogels gelauscht, nicht auf die Erquickung eines Schattens oder das Säuseln eines Windhauchs oder das Krachen des Donners, ohne diese alle zu erkennen als Zeugen Deiner alleinigen Einheit, die darauf hindeuten, dass nichts Dir gleich ist und dass Du der Überwinder bist, der nicht zu überwinden ist, der Gerechte, der kein Unrecht tut, der Wissende, der keine Unwissenheit kennt, der Milde, der niemals betrügt, der Wahrhaftige, der niemals lügt.«

Mit solchen psalmgleichen Gebeten hat Dhū'n-Nūn die spätere mystische Dichtung eingeleitet, die aus allen Blumen das stumme Lob Gottes vernahm.

Ein weiterer Zeitgenosse der beiden Genannten ist der Perser Bāyezīd Bisṭāmī (gest. 874), dessen einsame und seltsame Gestalt in der Überlieferung sprichwörtlich geworden ist. Sein Ausruf *Subḥānī* »Preis sei mir! Wie groß ist meine Majestät!« ist von den All-Einheitsmystikern gern als Ausdruck der Vergottung des Menschen verstanden worden. Bāyezīd hat erstmals das Motiv der Himmelfahrt auf das mystische Erleben angewendet und in merkwürdigen Bildern seine Sehnsucht nach Entwerden, aber auch seine unerklärliche scheinbare Enttäuschung geschildert. Seine Betonung des *fanā* »Entwerden« ist auf indische Einflüsse zurückgeführt worden; doch ist diese Theorie abzulehnen.

Fanā ist zunächst ein ethischer Begriff: das Entwerden von den menschlichen Eigenschaften und die langsame Vergeistigung; es hat nichts mit dem indischen Nirvāṇa-Begriff zu tun, da ja keine Erlösung aus einem qualvollen Kreislauf der Geburten angestrebt wird, sondern das Zurückgehen des Menschen zu dem Zustand, »wie er war, als er noch nicht war«. Diese Formulierung stammt von dem größten Meister des frühen Sufismus, Ǧunaid von Bagdad (gest. 910), dem »Pfau der Armen«, auf den sich alle späteren Sukzessionsketten zurückführen, um dann zu ʿAlī oder Abū Bakr und zum Propheten selbst zu reichen. Ǧunaid war der große Vertreter der mystischen »Nüchternheit« im Gegensatz zur ekstatischen Berauschtheit; sein Einfluss überschattete die gesamte geistige Szene im Irak, in der auch poetischere, Menschen- und Gottesliebe vereinende Mystiker zu finden waren. Ǧunaid wusste um die Gefahr, die Lehren des mystischen Einheitsbekenntnisses allzu deutlich auszusprechen – hatten doch die ersten Prozesse gegen Sufis in Bagdad schon stattgefunden. So lehrte er sein Wissen in verschlüsselter Form und sagte einem seiner Schüler ein böses Ende voraus, als dieser die Lehre von der Verinnerlichung des Islam und seiner Pflichten zu deutlich predigte. Dieser Schüler aber wurde zum Helden der mystischen Dichtung, zum Modell des kühnen Liebenden, der das Geheimnis der Einigung von Mensch und Gott (oder, wie es spätere Mystiker sahen, der allumfassenden Einheit) in seinem Wort ausdrückte: *anā'l-ḥaqq* »Ich bin die Absolute Wahrheit«. Ḥallāǧ, aus dem persischen Irak stammend und durch seine fast übermenschliche Askese berühmt, hat dieses Wort nicht in der Ekstase ausgerufen; es ist die Quintessenz seiner Lehre von der Schöpfung Adams nach dem Bilde der in Gott vorhandenen menschlichen Natur und der Möglichkeit, dass der ungeschaffene göttliche Geist sich in seltenen Momenten dem geschaffenen menschlichen Geist vereinen kann. Ḥallāǧ durchwanderte das östliche islamische Gebiet; um 905 erreichte er das Indus-Tal. Seine Schüler lebten überall von Turkestan bis Mekka, seine Korrespondenz wurde von der Polizei beschlagnahmt, als er 913 festgenommen und gefangengesetzt wurde. Es war nicht so sehr seine mystische Lehre, die allerdings auch vielen seiner mystischen Kollegen suspekt war, sondern es waren politische Motive, die ihn als gefährlich für den Staat erscheinen ließen; man warf ihm – z.T. wegen seiner Reise – Kontakte zu den Karmaten in Multan vor sowie revolutionäre Pläne. In der Tat rief er die Muslime zum inneren Verständnis ihrer Religion auf, wusste aber, dass er damit den Herrschenden entgegenhandelte, und zahlreiche Gebete zeigen ihn um seinen Tod bittend, damit seine Glaubensgenossen ein gutes Werk vollbringen, er aber von dem Schleier des Ich, das zwischen ihm und dem sich überall manifestierenden Gott steht, befreit werde; sein Vers

»Tötet mich, o meine Freunde,
Denn im Tod nur ist mein Leben ...«

ist von zahlreichen späteren Mystikern übernommen und ausgearbeitet worden. Am 26. März 922 wurde er grausam hingerichtet. Seine Gedichte sind die innigsten Andeutungen mystischer Liebe, die die arabische Sprache kennt, und in seinem *Kitāb aṭ-ṭawāsīn* hat er erstmals das Gleichnis vom Falter, der sich in die Flamme stürzt, um mit ihr eins zu werden, verwendet, ein Gleichnis, das ein Lieblingsthema der persischen Poesie wurde und durch sie Goethe erreicht und zur »Seligen Sehnsucht« inspiriert hat.

Ḥallāğs Tod wurde für die späteren Sufis zum Modell des Liebestodes; sein Name – oft sein Vatername Manṣūr »Siegreich« – ist ein fester Begriff in der mystischen Poesie der östlichen islamischen Welt, und sein Wort »Ich bin die Wahrheit« wurde im persischen Bereich mit »Ich bin Gott« übersetzt, da *ḥaqq* zu einer Bezeichnung für Gott geworden ist. Bis in die moderne sozialistische Dichtung der islamischen Länder wird der kühne Mystiker gepriesen, der für seine Ideale sein Leben opferte. Nur die »nüchternen« Orden stehen ihm kritisch gegenüber.

Mit Ḥallāğ endet die erste Periode des Sufismus. In den folgenden anderthalb Jahrhunderten wird die Systematisierung stärker; das war auch wegen der wachsenden Fremdeinflüsse (Neuplatonismus, christliche, später zentralasiatische und indische Techniken) notwendig. Zahlreiche Werke in Arabisch und vom 11. Jahrhundert an auch in Persisch werden verfasst, um die Vereinbarkeit der Mystik mit der Orthodoxie zu beweisen; in der Tat stehen alle frühen Mystiker auf dem Boden des Gesetzes, das sie verinnerlichten und dessen Vorschriften sie überaus ernst nahmen. Denn nur aus diesem Hauptweg, *šarī'a*, kann der enge Pfad, die *ṭarīqa*, abzweigen, auf der die wenigen Auserwählten wandeln. Das Werk der Systematisierung erreicht seinen Höhepunkt in dem *Iḥyā 'ulūm ad-dīn* des Abū Ḥāmid al-Ghazzālī (gest. 1111), eines persischen Gelehrten, der nach einer sehr erfolgreichen Karriere als Theologieprofessor an der besten Hochschule seiner Zeit sich der Mystik zuwandte. Seine Autobiographie *al-munqidh min aḍ-ḍalāl* (»Der Retter aus dem Irrtum«) zeigt seine Auseinandersetzung mit den verschiedenen geistigen Strömungen seiner Zeit, Philosophie, Scholastik und Bāṭinīya. Der »Sprung« in die Mystik rettete ihn aus seinen Zweifeln, und sein genanntes Hauptwerk zielt auf die »Wiederbelebung der Wissenschaft von der Religion«, d.h., es führt den Gläubigen in ein gottgefälliges Leben ein. Das bedeutet für den Muslim sufischer Prägung, zusätzlich zu *islām* »Hingabe« und *īmān* »fester Glaube«, *iḥsān* »Gott zu dienen, als ob man ihn sähe«, d.h. das Bewusstsein der ständigen Gottesgegenwart. Dieses umfasst auch die profansten Handlungen, und so enthält das *Iḥyā* in seinen ersten drei Teilen Anweisungen über das rechte Benehmen in Handel und Wandel, Ehe und Gebet und wendet sich erst im vierten Teil den eigentlich mystischen Problemen wie Armut und Geduld, Gottvertrauen, Sehnsucht, Liebe, Gnosis zu, um im 40. Kapitel die Haltung des Frommen zum Tode zu beschreiben: hier liegt das Ziel des ganzen Werkes, das wegen seiner Lesbarkeit zu einem Standardwerk gemäßigter orthodoxer Mystik geworden ist. Man muss dabei daran denken, dass vierzig die Zahl der Tage ist, die der Sufi in der Klausur verbringt; es ist die Zahl der Geduld und Reife, wie auch der Stufen zwischen Mensch und Gott. In seiner »Lichter-Nische« (*miškāt al-anwār*) betritt Ghazzālī allerdings bereits das Feld illuministischer Lichtmystik, wie sie ein knappes Jahrhundert später in den faszinierenden Theorien Suhrawardī Maqtūls (getötet 1191) ihren Höhepunkt erreichte. Ghazzālīs jüngerer Bruder Aḥmad (gest. 1126) war nicht wie er an der Ethik des Normal-Muslim interessiert, sondern verfasste das zarteste Werk über mystische Liebe in der klassischen persischen Literatur.

Kurz nach Ghazzālīs Tod setzt eine neue Periode des Sufismus ein, nämlich die Bildung von Bruderschaften und Orden. Die früheren Mystiker hatten sich wohl um einen Meister geschart, der oftmals einem Handwerk oder einem anderen Beruf nachging; mit ʿAbdul Qādir Gīlānī (gest. 1166) setzt ein Prozess ein, der die ganze Kulturlandschaft verändern sollte: ʿAbdul Qādir selbst, hanbalitischer Prediger, dachte wohl kaum an eine Ordensgründung, doch seine Anhänger organisierten sich, und bald folgten der ersten so entstandenen Bruderschaft andere. Es ist vermutet worden, dass die Ausrottung der aktiven Ismaili-Gruppen, die dem Volk mancherlei geistige Hilfe gaben, eine Lücke hinterließ, die nun von den Orden geschlossen wurde: Hier konnten die Frommen jene mehr emotionale Religiosität pflegen, für die im orthodoxen Islam kein Raum war; gemeinsames Gebet, oftmals musikalische Veranstaltungen; eine persönliche Betreuung wurde geboten und zog viele in ihren Bann. Der Scheich oder Pīr hatte praktisch unbeschränkte Gewalt über den Jünger, *murīd*, der durch einen Initiationsakt in die bis zum Propheten zurückführende geistige Kette aufgenommen wurde. Absoluter Gehorsam wurde gefordert; der Meister überwachte die Entwicklung des Jüngers sorgfältig, sandte ihn in die einsame Klausur, die in der Regel 40 Tage währte, und gab ihm die rechte *dhikr*-Formel. Denn seit langem hatten die Mystiker die Wichtigkeit des ständigen Gedenkens an Gott, *dhikr*, erkannt. Sie konnten sich auf koranische Aussagen stützen, in denen es hieß: »Wahrlich, durch das Gedenken an Gott werden die Herzen ruhig« (Sure 13,28), oder die den Menschen aufrufen, Gottes oft zu gedenken. Die regelmäßige Wiederholung bestimmter Formeln – wie des Glaubensbekenntnisses, des Wortes Allāh oder eines der 99 »schönsten Namen« Gottes – wurde schon früh geübt und entwickelte sich in den Orden zu einer zentralen Technik. Der *dhikr* konnte entweder laut oder leise vollzogen werden; in den großen Orden ist der gemeinsame Vollzug des lauten *dhikr* ein wichtiges ekstaseförderndes Mittel. Doch gilt der leise *dhikr* als vorzüglicher; verbunden mit im Laufe der Zeit immer genauer definierter Atemtechnik, ist er eine zentrale Pflicht des Ordensmitgliedes. Stets obliegt es dem Meister, jedem Jünger den seinem Zustand entsprechenden *dhikr* zu geben; denn die göttlichen Namen, Tausende von Malen wiederholt, können, wenn falsch angewandt, verderbliche psychologische Wirkungen haben.

Je länger, je mehr entwickelte sich der Sufismus durch die Führung der Orden zu einer Massenbewegung, in der nicht nur die eigentlichen Mitglieder, sondern auch unzählige lose affiliierte Anhänger teilnahmen und sich beim *'urs*, dem Gedenktag des Todes des Stifters, zu Gebet und Feier versammelten. Durch die Orden erreichte das Glaubensgut des Islam, vor allem die Liebe zu Gott und zum Propheten, weite Kreise, die sonst kaum mit der offiziellen Theologie in Berührung kamen oder sie vielleicht auch nicht verstanden hätten.

Der Ordensgründung 'Abdul Qādir Gīlānīs folgten andere, wenngleich die Qādirīya bis heute der am weitesten – von Westafrika bis Indonesien – verbreitete Orden ist. (Ihm gehörte der Moghulprinz Dārā Šikōh an, hingerichtet 1659, der die Upaniṣaden ins Persische übertrug und die »Vereinigung der beiden Meere«, Islam und Hinduismus, auf der Grundlage der All-Einheitsmystik anstrebte.) Die Rifā'īs sind als »Heulende Derwische« bekannt, weil ihr lauter *dhikr* ein eigentümliches Geräusch verursacht; ihnen werden auch Selbstverstümmelungen usw. zugeschrieben. Um 1200 erscheint mit der Suhrawardīya ein hochkultivierter Orden, der besonders in Indien (Bahā'uddīn Zakarīya von Multan) Wurzeln schlug und sich, im Gegensatz zur ebenfalls seit etwa 1200 in Indien wirkenden Čištīya, auch aktiv mit der Politik befasste. Gleichzeitig entsteht in Zentralasien die Kubrāwīya, deren Gründer Nağmuddīn Kubrā wohl die psychologisch interessanteste Einführung in seine mystischen Erfahrungen gegeben hat. In Ägypten bildet sich der auf dieses Land beschränkte Orden Aḥmad al-Badawīs, in dem manche vorislamische Elemente (Feiern nach dem Sonnenjahr) erhalten sind; aber auch die Šādhiliyya wird dort in der Mitte des 13. Jahrhunderts gegründet, deren nüchterne Theologie auf der alten Bagdader Schule beruht. Ihre modernen Ausprägungen in Nordafrika haben in letzter Zeit eine ganze Reihe von Europäern angezogen; auch in Ägypten ist der Orden noch erfolgreich aktiv. Seine Literatur ist bestimmt durch die sprachlich wunderbaren arabischen *Ḥikam* (»Weisheitsworte«) des Ibn ʿAṭā'ullāh (gest. 1309):

> »Ein Zeichen dafür, dass Gott dich irgendwohin gestellt hat, ist, dass Er dich dort bleiben lässt und du gute Frucht bringst.«

Das Schutzgebet des Gründers, *ḥizb al-baḥr*, war bis nach Indien als wichtiger Segen bekannt. Zur gleichen Zeit entsteht in Anatolien die Mevlevīya nach dem Vorbild Maulānā Ǧalāluddīn Rūmīs – im Westen bekannt als die »Tanzenden Derwische« wegen ihres kreisenden Reigens. Während die Mevlevīya im Osmanischen Reich in erster Linie die Künstler und den Hof ansprach, war die fast gleichzeitig in Anatolien entstandene Bektāšīya ein einfacher Orden, der zahlreiche schiitische Elemente in sich aufgenommen hatte und sich mit der Elitetruppe des Osmanischen Reiches, den Janitscharen, zusammentat. Die schlichte, kräftige Bektāšī-Lyrik gehört zu den interessantesten Zeugnissen türkischer Poesie. Zahlreiche Anschuldigungen gegen den Libertinismus der Bektāšīs wurden von der Orthodoxie erhoben; mit dem Fall der Janitscharen 1826 verloren sie zumindest äußerlich an Macht. – Mevlevīya und Bektāšīya blühten nur im Osmanischen Reich. In Indien war die Čištīya ebenfalls auf den Subkontinent beschränkt. Ihr Gründer, Muʿīnuddīn Čištī (gest. 1236), kam aus der Suhrawardī-Linie; von seinem Sitz in Ajmer in Rajasthan breitete sich der Orden schnell bis nach Südindien aus und gehört bis heute zu den aktivsten Orden Indiens. Wie die Mevlevīya zeichnet sich auch die Čištīya durch ihre Pflege der Musik und Poesie aus.

Das 13. Jahrhundert war ohnehin – trotz der Katastrophe des Mongolensturms – die hohe Zeit des Sufismus. Aus Spanien kam der Große Meister, Ibn ʿArabī (gest. 1240), dessen System in den folgenden Jahrhunderten praktisch die gesamte mystische Literatur beherrschen sollte, und selbst jene, die seine Lehre der *waḥdat al-wujūd*, der »Einheit des Seins«, nicht akzeptierten, konnten sich doch seinem sprachlichen und denkerischen Einfluss schwer entziehen. Ibn ʿArabī ist von vielen seiner Kritiker in Ost und West als Pantheist bezeichnet worden, doch seine modernen Jünger versuchen zu beweisen, dass er stets an der Transzendenz Gottes festgehalten hat. Gottes Essenz bleibt unerkennbar und unberührt; er manifestiert sich durch seine Namen, seine Attribute und sieht sich selbst in dem Spiegel, der die Welt ist. Ibn ʿArabī, wie viele seiner Vorgänger, beruft sich auf das außerkoranische göttliche Wort (*ḥadīth qudsī*):

> »Ich war ein verborgener Schatz und wünschte erkannt zu werden, so erschuf Ich die Welt.«

Die Welt existiert nur, sofern sie von Gott abhängig ist, und so kann Ibn ʿArabī sagen:

> »Wir selbst sind die Attribute, durch welche wir Gott beschreiben, unsere Existenz ist eine Objektivierung Seiner Existenz. Gott ist uns notwendig, damit wir existieren können, während wir für Ihn notwendig sind, damit Er sich manifestieren kann.«

Ibn ʿArabī hat sein kompliziertes System in zahllosen Werken niedergelegt, unter denen die *Futūḥāt al-makkīya*, die »Mekkanischen Eröffnungen«, das umfangreichste ist, während die Quintessenz seiner Gedanken in den *Fuṣūṣ al-ḥikam*, den »Ringsteinen der Weisheit«, niedergelegt ist. In diesem vom Propheten selbst inspirierten Werk behandelt er in 29 Kapiteln die mystische Prophetologie, die in Muḥammad gipfelt, der hier als der Vollkommene Mensch gesehen wird, in dem die Fülle der göttlichen Manifestationen erkennbar ist. Er ist der Erstgeschaffene Gottes, der Archetyp aller geschaffenen Dinge – Gedanken, die sich im Ansatz schon in der frühen Mystik (so bei Ḥallāǧ) finden.

Während Ibn ʿArabīs Systematisierung offenbar einem Bedürfnis seiner Zeitgenossen entgegenkam, wurde das dichterische Werk des etwas jüngeren Ǧalāluddīn Rūmī für Jahrhunderte zur Schatzkammer aller mystischen Inspiration. Der arabische Raum hatte nach den verhältnismäßig kurzen, anmutigen mystischen Versen der Frühzeit kaum wichtige Poesie religiöser Art hervorgebracht; Ibn ʿArabī selbst schrieb eine Sammlung von Liebesgedichten, die er später mystisch interpretierte, doch zu seiner Zeit zeichnete sich nur das an Umfang geringe dichterische Werk des Ibn al-Fāriḍ durch besondere Schönheit aus. In Versen von feinster sprachlicher Eleganz im Stile klassischer Liebesdichtung hat dieser Ägypter das Geheimnis der mystischen Liebe besungen, und seine *Tāʾiyyat al-kubrā* beschreibt in 768 Versen den Weg des Menschen zu Gott.

Das eigentliche Heimatgebiet mystischer Dichtung aber war Iran. Nach den kurzen Gebeten und Versen des Herater Mystikers ʿAbdullāh-i Anṣārī (gest. 1089) begegnet uns in Sanāʾī von Ghazna im östlichen Afghanistan der erste persische Dichter (gest. um 1131), der ein *Mathnawī*, ein didaktisches Gedicht in Doppelversen, über Themen der Mystik schrieb. Seine *Ḥadīqat al-ḥaqīqa*, der »Garten der Wahrheit«, obschon nicht allzu schwungvoll, wurde das Modell aller späteren Dichter. Auch als Lyriker hat Sanāʾī eine Reihe tiefgefühlter religiöser Gedichte hinterlassen. Seine Tradition wurde übernommen von Farīduddīn ʿAṭṭār (gest. 1220 in Nischapur), dem wohl bedeutendsten mystischen Epiker Irans. Seine gründliche Kenntnis der Geschichte der Mystik ist aus seinen – freilich romantisch ausgeschmückten – Heiligenviten, der *Tadhkirat al-auliyā*, zu erkennen; sein erzählerisches Talent zeigt sich in seinen Epen, unter denen das *Manṭiq uṭ-ṭair*, die »Vogelgespräche«, besonders berühmt geworden sind. Der Dichter schildert hier die Reise der Seele unter dem Bild der Reise der Seelenvögel zu ihrem Fürsten: Nachdem die dreißig Vögel die Höhen und Täler des schwierigen Pfades durchwandert haben, erreichen sie den *Sīmurgh* und erkennen, dass sie, die dreißig Vögel (pers. *sī murgh*), mit dem *Sīmurgh* identisch sind ... In einem anderen Epos, dem *Muṣībatnāma*, projiziert ʿAṭṭār die seelischen Stadien des Novizen während der vierzigtägigen Klausur in poetische Mythen: Der Sucher fragt Winde und Sonne, Engel und Tiere nach dem Weg zu Gott, wird jeweils von seinem Meister belehrt und findet am Ende Gott »im Meer der Seele«.

ʿAṭṭār soll kurz vor seinem Tode noch Ǧalāluddīn Rūmī gesehen haben, der, 1207 in Balkh geboren, mit seinem Vater (einem bekannten mystischen Theologen) vor den anrückenden Mongolen geflohen war und endlich in Kleinasien (Rūm) in Konya (Iconium) seinen Wohnsitz nahm, wo der Hof der Seldschuken eine Zuflucht für Künstler und Gelehrte aus den verwüsteten Ostgebieten war. Nach dem Tode des Vaters von einem seiner Schüler in der Mystik unterwiesen, erfuhr Ǧalāluddīn das Erlebnis der mystischen Liebe zu einem Menschen durch die Begegnung mit Šamsuddīn von Tabriz, einem wandernden Derwisch, der behauptete, die Stufe des »mystischen Geliebten« erreicht zu haben. Šamsuddīn musste vor der Familie und den Schülern Rūmīs fliehen, wurde aber nach einiger Zeit von Rūmīs ältestem Sohn zurückgebracht, um nach einem weiteren Aufenthalt spurlos zu verschwinden – ermordet von der eifersüchtigen Gruppe um Ǧalāluddīn. Der Trennungsschmerz – schon bei der ersten Trennung – verwandelte den Theologen Rūmī in einen Dichter. Die mehr als 30 000 Verse, die aus dieser Liebe entstanden und teilweise den Namen des mystischen Freundes tragen, gehören zu den hinreißendsten Schöpfungen der persischen Literatur – aus dem drehenden Tanz geboren, sind sie stark rhythmisch betont und umfassen in ihrer Bildersprache alle Erscheinungen der Welt, so dass sie den Hörer nicht nur in die höchste Sphäre der Entrückung führen, sondern ihm auch ein Bild vom Leben im Konya des 13. Jahrhunderts geben. Nach Šamsuddīns Verschwinden fand Rūmī Ruhe in der Freunschaft zu dem Goldschmied Ṣalāḥuddīn Zarkūb, dann neigte er sich seinem Schüler Ḥusāmuddīn zu, auf dessen Bitte er die etwa 26 000 Verse seines mystischen Lehrgedichtes, des *Mathnawī*, verfasste, das eine Enzyklopädie aller bis 1270 vorhandenen mystischen Ideen, aber auch ein Schatzhaus volkstümlicher Erzählungen ist – allerdings kein Handbuch der mystischen Dogmatik. Dazu kommen Briefe und Prosaschriften und eine beachtliche soziale Aktivität. Nach Rūmīs Tode 1273 wurde sein *Mathnawī*, »der Koran in persischer Zunge«, zur wichtigsten Lektüre in der persisch beeinflussten Welt; Kommentare und Übersetzungen in Persisch, Türkisch und den Landessprachen Indiens liegen vor, und bis heute hat sich kaum ein Dichter dieser Zone dem Einfluss von Rūmīs Poesie entziehen können.

Die spätere Geschichte Irans und der Türkei nennt die Namen zahlreicher mystischer Dichter, wie den anmutigen ʻIrāqī, der zu Rūmīs Lebzeiten in Multan und dann in Anatolien dichtete; später den vielseitigen, doch abstrakteren Ǧāmī von Herat (gest. 1492). Die Rolle der Mystik in der Entwicklung der Literatur in den verschiedenen Landessprachen kann nicht hoch genug eingeschätzt werden: Die türkische Bektāšī-Poesie gehört ebenso hierher wie die Anfänge des Urdu im Dekkan. Sindhi und Panjabi sind erfüllt von mystischer Poesie; man kann sagen, dass die mystische Volksdichtung dieser pakistanischen Provinzen zum Schönsten gehört, was der Islam an religiöser Dichtung hervorgebracht hat – ob man an die kräftige, leidenschaftliche Sprache Bullhē Šāhs im Panjab oder die kunstvolle, musikalische Poesie seines Zeitgenossen Šāh ʻAbdul Laṭīf in Sind (gest. 1752) denkt, an die ekstatischen Sindhi-Verse Sačals oder die ernste und tiefe Lyrik des Pašto-Mystikers Raḥman Bābā (gest. um 1710); hier liegen noch ungeahnte Schätze, und die Querverbindungen zur volkstümlichen Hindu-Mystik sind noch zu erforschen.

Zu dieser Poesie gehört auch die Verherrlichung des Propheten. Er, der nur ein Mensch sein wollte, dem geoffenbart ward, war schon früh in höhere Sphären erhoben worden, und wenn die Mystiker in der Nachfolge Ibn ʿArabīs ihn mit immer neuen erhabenen Attributen schmückten und immer neue Formen des Propheten-Lobliedes im Arabischen (Būṣīrī, gest. 1298, und sein Mantelgedicht, *Burda*), Persischen und den übrigen Islamsprachen bis zum Suaheli und Haussa erfanden, so ist er für die Sänger der Volkslieder in erster Linie der Fürbitter am Tage des Gerichtes, der Geliebte Gottes, zu dem man sich vertrauensvoll wenden kann, weil Gott ihm seine Bitte nicht abschlagen wird. In solcher Poesie wird der Einfluss der Mystik auf die breiten Massen ebenso sichtbar, wie er sich in der Bewahrung der Etikette zeigt, die seit dem Mittelalter von den Sufis ausgearbeitet worden war und noch immer, auf dem Beispiel des Propheten und seiner Nachfolger beruhend, grundlegend für die zwischenmenschlichen Beziehungen ist. So reicht der Raum der islamischen Mystik von höchsten metaphysischen Spekulationen bis in die Welt der einfachen Dorfbewohner fernab der theologisch gelehrten Welt.

Die Heiligenverehrung

Der Islam, der grundsätzlich keinen Mittler zwischen Mensch und Gott kennt, hat in der Heiligenverehrung eine bemerkenswerte Veränderung durchgemacht – es ist typisch, dass die strenge hanbalitische Schule und ihr folgend die Wahhabiten die Mystik, und als ihren Auswuchs die Heiligenverehrung, strikt ablehnen; sie stehen damit dem Urislam am nächsten. Die ersten systematischen Schriften über die Hierarchie der Heiligen, die im *quṭb* (»Pol«) gipfelt, stammen aus dem späten 9. Jahrhundert und bilden die Grundlage für spätere Theorien.

Der Heilige ist der *walī*, der Freund Gottes, der begnadet ist mit der Fähigkeit, Wunder zu wirken; doch werden seine Wunder als *karāmāt* (»Charismen«) bezeichnet und sind von geringerem Range als die von den Propheten gewirkten Wunder (*muʿǧiza*). Es ist speziell der mystische Lehrer, der Scheich, der in den Rang eines Heiligen erhoben wird – der Gehorsam gegen ihn gehört zu den Grundregeln jedes Ordens und ist bereits im Anfang der islamischen Mystik zu bemerken. »Wer keinen geistlichen Führer hat, dessen Führer ist der Teufel.«

So wichtig zweifellos eine behutsame geistige Führung ist, so gefährlich ist das Autoritätswesen, das aus solchen Anschauungen hervorgeht und das Modernisten wie Iqbāl abschätzig als »Pirismus« bezeichnen. Ohne Zweifel gibt es begnadete Seelenführer, aber ein großer Teil der sogenannten Scheiche versteht es, unter geschickter Ausnutzung gewisser okkulter Fähigkeiten, die sich als Begleiterscheinungen auf dem mystischen Pfade zeigen, und unter Anwendung mystischer Redensarten das Volk an sich zu fesseln und auch auszunutzen – von diesem Gesichtspunkt aus ist es verständlich, dass in der Türkei 1925 die Derwischklöster geschlossen wurden, da Atatürk dem Einfluss solcher angeblicher Heiligen auf das glaubenseifrige Volk entgegenwirken wollte. Die politische Rolle der geistlichen Führer verdient besondere Beachtung. In Russland sind es heute die Angehörigen der Bruderschaften, die in Uzbekistan, im Kaukasus und anderen Teilen des Landes den geistigen Widerstand gegen die Russifizierung und Religionsfeindlichkeit anführen.

Der Heiligenkult hat sich mit vorislamischen Vorstellungen vermischt, alte Lokalgottheiten leben weiter in Heiligen, deren Namen man z.T. gar nicht kennt; das gilt vor allem für den Grabkult. Manche christliche Stätten werden auch im Islam heilig gehalten (Khiḍr – St. Georg – Elias). Für die verschiedensten Leiden gibt es Helfer; ihnen werden Gelübde dargebracht, Votivgaben gespendet. Die Heiligengräber liegen oft an Quellen, Höhlen oder besonderen Bäumen; sie sind vielfach mit kleinen Stofffetzen behängt, und von dem Besen, welcher der Moschee des Stadtheiligen von Ankara, Ḥāǧǧī Bayrām, gelobt wird, bis zum Schafopfer, zum Anzünden von Kerzen, zum Geloben von Festtagen oder einer bestimmten Anzahl von Gebeten finden sich alle Typen des Gelübdes. Ein besonders fruchtbarer Boden für die Heiligenverehrung ist Nordafrika, das eine reiche vorislamische Vergangenheit hat. In Indien sind auch alte Hindu-Heiligtümer umgewandelt worden; an einer Reihe von Grabstätten feiern Hindus und Muslims. Vom Krokodil-Heiligtum nahe Karatschi bis zum stillen Marmorgrab in exquisiter Moghul-Architektur findet sich jede Schattierung dieses Ausdrucks der Frömmigkeit.

Viele Bräuche, die an den Heiligengräbern geübt werden, grenzen an Magie, und in der Tat gehört es auch zu den Aufgaben der Scheichs, Amulette verschiedener Art herzustellen. Gegen Krankheit, schwere Geburt, Feuer usw. gibt es bestimmte Amulette (unser Wort kommt von arab. *ḥamā'il*). Bestimmte Koranverse haben bestimmte Wirkungen, die Rezitierung gewisser Gebete schützt vor Gefahr, ein Miniaturkoran dient gern als Talisman. Oft wird bei Krankheiten das Besprechen geübt, und gegen den gefürchteten bösen Blick helfen im ganzen Orient blaue Perlen, sei es, dass man sie den Kindern auf der Schulter anheftet, am Kühler des Omnibusses anhängt oder sie versteckt in den Teppich einwebt.

Man kennt auch einen Reliquienkult: Haare des Propheten waren von früh an begehrte Objekte, die mit Segen erfüllt waren; und sein Rock, *khirqa*, ist in Istanbul wie in Kandahar zu sehen. Der Diebstahl eines heiligen Haares in Srinagar löste vor einigen Jahren schwere Unruhen in Kaschmir aus. Fußspuren des Propheten oder 'Alīs – riesige Vertiefungen in Steinen – werden an verschiedenen Plätzen gezeigt, und die Heiligengräber besitzen meist einige Gegenstände, die auf den Stifter oder eine andere wichtige Persönlichkeit zurückgehen.

Das Leben des Muslim pflegte nach genau überlieferten Regeln zu verlaufen, unter denen eine der wichtigsten die Namengebung war: Üblicherweise wird dem Kind beim Abtrennen der Nabelschnur ein religiöser Name gegeben, und bei der *'aqīqa*, dem ersten Haarschnitt am sechsten oder siebten Tag, ein »richtiger« Name. Die *'aqīqa*, bei der dem Säugling das Glaubensbekenntnis ins Ohr geflüstert wird, ist vom Opfer einer makellosen Ziege oder eines

Lammes begleitet. Unter den Namen steht *Muḥammad* an erster Stelle, da der Überlieferung nach der Träger dieses Namens ins Paradies eingehen wird. Um diesen heiligen Namen nicht zu entweihen, wird er oft anders vokalisiert (so im Türkischen: *Mehmet*), oder andere Namen des Propheten, wie *Aḥmad* oder *Muṣṭafā*, werden verwendet, um des Segens teilhaftig zu werden. Häufig sind Namen, die aus *ʿabd* »Sklave, Diener« und einem der göttlichen Namen zusammengesetzt sind, beginnend von *ʿAbd Allāh* bis zu *ʿAbd ul-Karīm* oder *ʿAbd ur-Raḥmān*. Alle 99 »schönsten Namen« Gottes können hierbei verwendet werden, und einige nicht in der offiziellen Liste angeführte Namen kommen dazu. Für Frauen wird *ʿabd* durch *amat* »Dienerin« ersetzt: *Amat ul-wadūd* (»Dienerin des Liebevollen«). Oft wird das Kind nach einem Ahnen genannt, und in spätmittelalterlicher Zeit häuften sich Namen mit *ud-dīn* »des Glaubens«: *Nāṣir ud-dīn* »Helfer des Glaubens«, *Zain ud-dīn* »Schmuck des Glaubens« usw. Vor allem in den östlichen Gebieten sind solche Namen erweitert worden und haben manchmal einem Araber unverständliche Formen angenommen, da die wenigsten Eltern der arabischen Grammatik kundig sind. Das geschieht vor allem, wenn der Name dadurch gefunden wird, dass man den Koran öffnet und das erste sinnvolle Wort zum Namen wählt, wie etwa *Uzlifat* »(das Paradies) wird nahegebracht«. Auch der erste Buchstabe auf einer Koranseite kann zum Anfang eines Namens gewählt werden.

Unter den Schiiten werden mit Vorliebe Namen verwendet, die sich auf die Familie des Propheten beziehen, vor allem ʿAlī, Ḥasan, Ḥusain, Ǧaʿfar, oder Zusammensetzungen mit solchen Namen. Obgleich das Wort *ʿabd*

»Sklave« eigentlich nur in Verbindung mit Gott gebraucht werden darf, findet man doch *'Abd ur-rasūl* »Sklave des Propheten«, oder ähnliche Verbindungen mit einem Namen der schiitischen *Imāme*; meist wird jedoch das Wort *ghulām* »Diener« oder das türkische *qul*, *qulī* verwendet: *Ghulām Ḥusain*, *Ghulām Sayyidain* »Diener der beiden Herren«, d.h. Ḥasans und Ḥusains, oder *'Alī-qulī*. Bei Frauen ist *Fāṭima* und ihre Beinamen vorherrschend, wie etwa *Zahrā'* »die Strahlende«. Die Namen der ersten drei Kalifen oder der 'A'išas werden im allgemeinen streng vermieden.

Ähnliche Beziehungen wie zum Propheten oder den *Imāmen* werden auch zu Heiligen ausgedrückt: *Ghauthbakhš* »Gabe der ›Hilfe‹«, d.h. 'Abdul Qādir Gīlānīs, weist auf eine Verbindung der Familie mit dem Qādirīya-Orden hin, ebenso wie *Ghulām Dastagīr* »Diener dessen, der einen bei der Hand hält«. In der Türkei fand man Namen wie *Satīlmīş* »verkauft«, wenn man das Kind dem Dienst eines Heiligen gelobt hatte, durch dessen Segen es geboren wurde.

Natürlich kann man an den Namen auch die verschiedensten religiösen und politischen Ideale ablesen, und selbst schiitische Mütter mögen ihren Sohn mit dem verpönten Namen Omar nennen, weil sie von Omar Scharif so entzückt waren ... Neuerdings kann man wieder eine Rückkehr zu islamischen Namen und Werten bemerken, vor allem in Ägypten und Iran.

Die neuere Entwicklung des Islam

Schon früh fragten sich muslimische Denker, wie sich der Islam an die veränderten Verhältnisse anpassen und wie seine Erstarrung zu einer unwandelbaren Gesetzesreligion verhindert werden könne. Als der Mongolensturm und die Vernichtung des abbasidischen Kalifats 1258 die alten politischen Formen weitgehend zerstört hatte, erhob sich ein Theologe der strengen hanbalitischen Schule, Ibn Taimiyya (gest. 1328), der sich energisch gegen die Auswüchse des Heiligenkultes und die Verflachung des religiösen Lebens wandte. Er sah nur Koran und Ḥadīth als Quellen der Rechtsfindung an und beanspruchte für sich das Recht des *iǧtihād*, d. h. der selbständigen Interpretation dieser Quellen, ohne sich den festgefügten Traditionen der Rechtsschulen anzupassen. Seine kompromisslose Haltung trug ihm mehrfach Gefängnisstrafen ein, doch sollte er zur Leitfigur der Modernisten werden, die sich seit dem 18. Jahrhundert um eine Neuinterpretation des Islam bemühten. Denn bereits damals traten in verschiedenen Gebieten Reformer auf, die mit Sorge die politische und geistige Lage der Muslime betrachteten.

Der bekannteste unter ihnen ist Muḥammad ʿAbdul Wahhāb in der arabischen Halbinsel, nach dessen Namen eine Reihe von »fundamentalistischen« Bewegungen in der islamischen Welt als »wahhabitisch« bezeichnet werden. Die Anhänger ʿAbdul Wahhābs, die sich selbst *muwaḥḥidūn* »Einheitsbekenner« nennen, verbanden sich mit der arabischen Familie Saʿūd und eroberten 1803–1806 Mekka und Medina, wo sie alle Spuren von Heiligenkult und Gräberverehrung vernichteten. Ägyptische Truppen schlugen sie mit Mühe zurück; doch erlebten die Wahhabiten einen neuen Aufschwung nach dem Ersten Weltkrieg, als das Haus Sa'ūd in Zentralarabien an die Macht kam und die strenge Lehre sich über ganz Arabien ausbreiten konnte. Getreu der hanbalitischen Lehre verwerfen sie alle Quellen außer Koran und Ḥadīth und interpretieren diese als einzige Rechts- und Glaubensgrundlagen.

Zur gleichen Zeit wie 'Abdul Wahhāb studierten auch indische Theologen in Mekka. Unter ihnen war der Delhier Gelehrte Šāh Walīullāh (gest. 1762), der einer bekannten Theologenfamilie entstammte. Nach seiner Rückkehr von der Pilgerfahrt versuchte er, den indischen Muslimen einen neuen Zugang zu dem unter jahrhundertelang gewachsenen Kommentaren und Superkommentaren versteckten Sinn des Koran zu eröffnen; denn eines der Hauptprobleme für die Rückständigkeit der Muslime war ihre Unfähigkeit, das arabische Wort der Heiligen Schrift wirklich zu verstehen. So übertrug Šāh Walīullāh den Koran ins Persische, die Sprache der Gebildeten in Indien; seine Söhne sollten das Gleiche später auch für das Urdu tun. Obgleich selbst tief in der mystischen Tradition stehend, lehnte er den Heiligenkult strikt ab, sah sich aber, durch Visionen begnadet, als »Stellvertreter des Propheten im Tadeln«. Sein Hauptwerk, *Ḥuǧǧat Allāh al-bāligha* »Der treffende Beweis Gottes«, versucht erstmals, die Dekadenz und politische Schwäche der indischen Muslime aus politischen und sozialen Gründen zu erklären. Damit leitete er eine neue Periode islamischen Denkens ein. Zur gleichen Zeit predigte sein Landsmann in Delhi, der mystische Dichter Mīr Dard, die von seinem Vater gegründete *ṭarīqa muḥammadiyya*, den »muḥammadanischen Pfad«, eine mystisch vertiefte fundamentalistische Richtung, die ein halbes Jahrhundert später einer Gruppe indischer muslimischer Freiheitskämpfer Namen und Richtung gab.

Der Name der *ṭarīqa* deutet die zentrale Rolle des Propheten in ihrem Leben und ihrer Theologie an. Auch in zwei anderen in der zweiten Hälfte des 18. Jahrhunderts entstehenden Richtungen ist die starke Bindung an den Propheten sichtbar, die die Mitglieder der *ṭarīqa* zur aktiven Teilnahme am öffentlichen Leben führt – war doch der Prophet auch Staatsmann und praktischer Politiker gewesen. Diese beiden Gruppen sind die aus Algier stammende Tīǧāniyya, die sich in der zentralen arabischen Welt und im Sudan ausbreitete, und die Sanūsiyya in Nord- und Zentralafrika. Die Tīǧānis inspirierten auch die in Senegal und Haussaland entstehende mystisch-politische Bewegung, die zur Gründung des Reiches von Sokoto unter Osman dan Fodio (1802) führte und den Islam in Westafrika stärkte, obgleich eine oberflächliche Islamisierung dort bereits seit dem 12. Jahrhundert andauerte.

Die europäischen Mächte traten im 18. Jahrhundert immer stärker in Erscheinung. Das gilt vor allem für Indien: Šāh Walīullāh hatte bei seinen Bemühungen, Hilfe der Nachbarstaaten gegen die Sikh und die Mahratta zu erhalten, offenbar die von Bengalen her drohende Gefahr übersehen: Seit der Schlacht von Plassey 1757 schoben sich die Briten zielstrebig von dort aus vor. Ihre Herrschaft führte zu besonderen Schwierigkeiten für die Muslime, da durch neue, nicht den islamischen Bräuchen entsprechende Steuergesetzgebung ein wichtiger Teil des *auqāf*-Landes (fromme Stiftungen) besteuert wurde; aus diesen bis dahin steuerfreien Gütern waren die meisten theologischen

Schulen und ihre Professoren bezahlt, die Studenten unterhalten worden. Andere Gesetze trafen die Muslime ähnlich hart, und Šāh Walīullāhs Sohn erklärte den britisch verwalteten Teil Indiens zur *dār al-ḥarb*, zum »Feindesgebiet«. Das Macauley-Edikt von 1835 ersetzte das Persische als offizielle Sprache durch Englisch. Die meisten Muslime scheuten sich, ihre Söhne in britische Missionsschulen zu schicken, und waren daher auch infolge mangelnder »moderner« Ausbildung von Stellungen im öffentlichen Dienst ausgeschlossen, während viele Hindus die neuen Möglichkeiten ausnutzten. Die aus vielen Quellen genährte Unzufriedenheit entlud sich 1857 in der sogenannten *Mutiny*, dem Militäraufstand. Der greise letzte Moghulherrscher wurde entthront und starb 1861 in Rangun im Exil.

In Indien, wie auch anderswo, resultierte die Kolonialherrschaft in der Bildung neuer Eliten (ein anderes Beispiel sind die Philippinen), wobei die Muslime – als Rädelsführer im Aufstand gegen die neuen Herrscher angesehen – in den Hintergrund verdrängt wurden.

Ägypten hatte 1798 die Expedition Napoleons erlebt, die zwar zu einer ersten wissenschaftlichen Erforschung des Landes und seiner Kultur führte und einige junge Muslime mit französischer Zivilisation vertraut machte. Aber im Laufe des 19. Jahrhunderts führte eine unselige Finanzpolitik dazu, dass auch hier Großbritannien den stärksten politischen Einfluss gewann, und 1882 wurde Lord Cromer dem machtlosen Khediven zur Seite gestellt. Unruhe gab es auch in Syrien, und das libanesische Gebiet wurde 1842 auf religiöser Basis verwaltungsmäßig aufgeteilt – die Folgen sind noch heute sichtbar. In Nordafrika gewannen die

Franzosen weite Gebiete, und die Italiener bemächtigten sich gegen den Widerstand der Sanūsiyya der Cyrenaika. Das Osmanische Reich schließlich erlitt Gebietseinbußen durch den griechischen Aufstand von 1821 und in anderen Randgebieten, und der osmanische Sultan rief deutsche Militärberater ins Land. Auch in Persien wurde die Lage kritisch: Russische Truppen drangen 1827 in die nordwestlichen Grenzgebiete des Landes ein und eroberten sogar Ardabīl, das Heiligtum, aus dem die safavidische Dynastie hervorgegangen war. Etwas später versuchte im Kaukasus der Lesghier Šhāmil, sich mit seinen muslimischen Gefährten den Russen entgegenzustellen.

Bei einer solchen Veränderung der politischen Lage ist es natürlich, dass sich in allen islamischen Gebieten mehr oder minder starke Reformbewegungen unter den Muslimen entwickelten, um sich gegen die Übermacht westlicher Zivilisation zu behaupten. Man denkt dabei in erster Linie an eine Bewegung, die als *salafiyya* bezeichnet wird, d.h., die das Zurückgehen auf die *salaf* »Vorväter« zum Ziel hatte. Sie nahmen damit Gedanken Ibn Taimiyyas auf und suchten Koran und Tradition als einzige neu zu interpretierende Quellen der Inspiration zu erklären. Der große pan-islamische Propagandist Ǧamāluddīn Afghānī (gest. 1897) inspirierte zahlreiche Denker, und seine Gedanken wurden vor allem in Ägypten durch Muḥammad ʿAbduh (gest. 1905) und dessen Schüler Muḥammad Rašīd Riḍā (gest. 1935) aufgenommen und ausgearbeitet. Sie vertraten den Grundsatz, dass das System der Rechtsschulen mit ihren seit dem Mittelalter festgelegten Entscheidungen endgültig veraltet sei und dass jedem Theologen das Recht des *iǧtihād* zugestanden werden müsse. Die Zeitschrift *Manār* in Kairo war das Organ dieser Modernisten, nach dem sie auch als *Manār*-Gruppe bekannt wurden; ihre Botschaft war, dass sich der Islam ohne weiteres der modernen Zivilisation anpassen könne; alle Probleme ließen sich durch eine neue Interpretation von Koran und Überlieferung lösen. Die Anhänger dieser Auffassung haben sich – nicht nur in Ägypten, sondern auch in anderen islamischen Ländern – teilweise sehr geschickt, teilweise auch in verständlicher Übertreibung des Entdeckerstolzes bemüht, moderne Errungenschaften bis hin zur Atomspaltung im Koran zu entdecken.

Modernistische Ideen entwickelten sich besonders in Indien. Als Reaktion auf britische Missionierungsversuche suchte man zu beweisen, dass der Islam nicht, wie behauptet wurde, eine rückschrittliche, sondern eine mit der modernen Welt durchaus vereinbare Religion sei. (Hatte nicht Lord Cromer behauptet, reformierter Islam sei kein Islam mehr?) Der Wortführer der wichtigsten modernistischen Strömung war Sir Sayyid Aḥmad Khān (gest. 1898), der zwar von Gamāluddīn Afghānī abgelehnt und von vielen Frommen als *nēčarī* »Naturalist« beschimpft wurde, dessen große Leistung aber die Gründung des Anglo-Muslim College in Aligarh (1875) war, das später als Universität zu einem Zentrum modernistischer Ideen werden sollte. Doch setzte sich Sir Sayyid gegen eine Teilnahme der Muslime an dem 1885 gegründeten Indian National Congress ein, da er fürchtete, die Muslime würden in einem nach demokratischem Prinzip gewählten Parlament immer eine leicht zu überstimmende Minderheit bleiben. Hier liegen bereits die Wurzeln für die Teilung des Subkontinents. Gegen die Aligarh-Bewegung trat die eher salafitische, mystischer Tradition entstammende Schule von Deoband auf, die anti-britisch war und später gegen die Teilung des Subkontinents kämpfte. In den letzten Jahrzehnten des 19. Jahrhunderts entstanden erste literarische Werke, die von der vergangenen Größe des Islam sprechen (das Gleiche gilt auch für die Türkei) oder die in ersten novellistischen Versuchen die Notwendigkeit von Reformen, vor allem der Mädchenbildung, darzustellen versuchen.

Sir Sayyid hinterließ eine große Menge in Urdu geschriebener Werke, und seine Ideen führten zur Gründung Aligarh-ähnlicher Institutionen in Bengalen und Sind und wirkten im Hyderabad des Niẓāms, das ein wichtiges Zentrum islamischer Kultur war. Doch es galt, auch die Europäer von der Flexibilität und hohen Kultur des Islam zu überzeugen; so schrieb Syed Ameer 'Alī mit seinem Werk *The Spirit of Islam* (1897) eine Biographie des Propheten und Geschichte des Islam, die großes Aufsehen erregte und zeigte, dass der Islam nicht nur mit dem Fortschritt vereinbar ist, sondern selbst Fortschritt ist.

Mit der Gründung der *Muslim League* 1906, an der der Aga Khan entscheidend beteiligt war, begann die politische Repräsentation der Muslime im Subkontinent, wo die kommunalistischen Spannungen wuchsen und nur kurzfristig durch den Ersten Weltkrieg gemildert wurden. Die auch von Gandhi unterstützte Kalifatsbewegung, in der die indischen Muslime den osmanischen Kalifen als ihr geistiges Oberhaupt anerkennen wollten, brach zusammen, als Atatürk das Kalifat am 3. März 1924 abschaffte. Seit dieser Zeit spielt die Frage, wer eigentlich Nachfolger des Kalifen sei, eine Rolle, und während der sonst dem Laizismus gegenüber kritische Sir Muḥammad Iqbāl die türkische Nationalversammlung als legitime Regierung in der Türkei ansah, kann man heute auch an das ICO, *Islamic Conference Organization*, denken, dem 45 Staaten angehören und das zumindest theoretisch als Dachorganisation für die Muslime dient.

Seit jener Zeit ist aber auch die Frage »Was ist ein islamischer Staat?« nicht zur Ruhe gekommen. Worte wie »Demokratie« und »Vaterland« waren schon im 19. Jahrhundert zum Missfallen des osmanischen Sultans in der Türkei aufgekommen; im 20. Jahrhundert erhob sich immer stärker die Frage nach dem Verhältnis nationaler Interessen und umfassender islamischer Ziele. Soll der islamische Staat eine Theokratie sein oder eine Demokratie? Die Verfechter der Demokratie berufen sich auf Sure 42,36, wo von der *šūrā*, der »Beratung untereinander«, gesprochen wird: Das scheint ein Hinweis auf die demokratische Regierungsform zu sein.

Eine in Indien entstandene Bewegung muss noch erwähnt werden: die Aḥmadiyya, die von dem 1908 verstorbenen Mirzā Ghulām Aḥmad ausging, der sich als den Mahdī oder Messias bezeichnet hatte und dessen Gedanken von Anfang an auf großen Widerstand bei der Orthodoxie stießen, da sie der Lehre von der ein für allemal abschließenden Sendung Muḥammads entgegengesetzt zu sein schienen. Um die Aḥmadiyya entzündeten sich 1953 in Pakistan (mehr aus politischen als religiösen Gründen) schwere Unruhen, und 1974 wurde die durch ihre starke Missionstätigkeit bekannte Bewegung als un-islamisch erklärt.

Einer der schärfsten Gegner der Aḥmadiyya war ein Mann, den man ohne Übertreibung als die interessanteste

Gestalt unter den indischen, ja den muslimischen Reformern allgemein bezeichnen kann: Muḥammad Iqbāl (1877–1938). Im Gegensatz zu anderen Reformatoren, deren Schwäche es ist, dass sie europäische Sprachen und Kultur nicht oder nur mangelhaft kennen, hatte er in England Philosophie studiert, in München mit einer Arbeit über die Entwicklung der persischen mystischen Philosophie promoviert und sich gründlich in Hegel'sche Philosophie, in Bergson, Nietzsche, Goethe, Einstein usw. eingearbeitet. Die Ideen dieser Gelehrten mit dem islamischen Ideal zu verbinden war für Iqbāl das wichtigste Anliegen. Denn er sah die Grundlage des Islam in seinem Dynamismus, in seinem Gegensatz zum hellenistisch-klassischen Denken. Dieser Dynamismus sei durch die Jahrhunderte von erstarrtem und lähmendem Dogmatismus, von einschläfernder pantheistischer Mystik überdeckt worden. Der Koran sei eine Lehre zur Weiter- und Höherentwicklung; der Mensch, als Statthalter Gottes auf Erden, sei gehalten, seine Persönlichkeit in stetem Kampf mit den Mächten des Bösen zu entfalten und sich zum Vollkommenen Menschen zu entwickeln. Hier sind die Lehren der islamischen Mystik ebenso sichtbar wie die Nietzsche'sche Forderung nach dem Übermenschen – freilich ist dieser Iqbāl'sche Idealmensch nicht fern von Gott, sondern existiert nur in der Bezogenheit auf Gott, als Gottes Diener: das ist die höchste Stufe der Freiheit, da auch der Prophet in den beiden koranischen Versen, die auf höchste mystische Erfahrung hindeuten (Sure 17,1; 53,9), als »Sein Diener« bezeichnet wird.

Aus der Philosophie des Ego, der fortwährenden Entfaltung aller schöpferischen Kräfte des Ich, wie sie Iqbāl verkündete, entwickelte sich bei ihm die Staatslehre: Auch der Staat muss alle seine inneren Möglichkeiten ausnutzen und entfalten; nur so kann er – wie auch der Einzelmensch – Toleranz üben; denn Toleranz ist die Haltung des Starken gegenüber dem Ich des geachteten Partners. Der Islam ist für ihn die Grundlage des idealen Staatswesens, da er allein den Monotheismus und die wahre Brüderlichkeit aller Gläubigen pflege. In seinen *Six Lectures on the Reconstruction of Religious Thought in Islam*, welche Iqbāl 1928 an verschiedenen indischen Universitäten hielt, hat er seine Islam-Vorstellung philosophisch gründlich untermauert. Anziehender noch sind seine Gedanken dargelegt in zahlreichen dichterischen Werken, die teils im heimatlichen Urdu, teils, um der breiteren Wirkung willen, in Persisch geschrieben sind. Sein *Payām-i Mašriq*, die »Botschaft des Ostens«, ist eine Antwort auf Goethes *West-östlichen Divan*, wie überhaupt ein starker Einfluss Goethes in seinen Gedichten und Anschauungen zu erkennen ist. In Iqbāls vielleicht schönstem Werk, dem *Ǧāvīdnāme*, wird der Aufstieg der Seele durch die Sphären geschildert. Der Führer auf diesem Himmelsweg ist Maulānā Ǧalāluddīn Rūmī, der in fast sämtlichen Werken Iqbāls als sein geistiger Führer auftritt. Denn in seinem Werk sieht er (freilich im Gegensatz zu anderen Bewunderern Rūmīs) den von ihm vertretenen klassischen personalen Gottesbegriff vorherrschen und erkennt die unendliche Liebe, die den Menschen zur höchsten Entwicklung beflügelt. Das gewaltige, die schlummernden Lebenskräfte des Islam wiedererweckende System des Dichters und Philosophen Iqbāl hat sich darin bewährt, dass auf seine grundlegenden Anregungen hin 1947 das heutige Pakistan gegründet worden ist, welches ihn als seinen geistigen Vater verehrt.

Das Jahrzehnt nach dem Zweiten Weltkrieg hat das Gesicht der islamischen Welt mehr verändert, als die vorhergehenden Jahrhunderte es vermochten. Pakistan und Libyen, Indonesien und die Goldküste haben sich zu selbständigen Staatengebilden entwickelt, die arabischen Staaten eine Schlüsselstellung in der Weltpolitik eingenommen. Damit setzt aber auch eine neue Problematik ein. Die Errichtung des Staates Israel stellt ein fast unlösbares Problem für viele islamische Staaten dar, und die verschiedensten Varianten des Islam erscheinen in der sich ständig ausdehnenden islamischen Welt. Ein belgischer Islamkundler geht so weit, von »den Muslimen und ihren Islamen« zu sprechen. Man sieht Ghaddāfīs (Qaddāfīs) Libyen einerseits und die stark von Sufi-Bruderschaften geprägten Muslime Zentralasiens und Chinas andererseits, wo sich eine faszinierende muslimische Kultur im Laufe der Jahrhunderte entwickelt hat. Der strenge Wahhabismus Saudiarabiens, der durch weltweite Organisationen wie die *Rābiṭa* und durch reiche Finanzmittel großen Einfluss ausübt, steht neben dem Islam in der laizistischen Türkei; der durch spekulative Mystiker und durch Kaufleute in das südostasiatische Gebiet gebrachte Islam Indonesiens kontrastiert mit dem theosophischer Spekulation ganz abholden Islam in Schwarzafrika.

Die Lage in der Türkei ist besonders interessant: Hatte Ziya Gökalp schon zu Beginn des Jahrhunderts die Ideale von Verwestlichung, Türkisierung und Islamisierung gepredigt, so war durch Atatürks Reformen ein völliger Bruch mit der islamischen Vergangenheit beabsichtigt, nicht nur im Rechtswesen, sondern auch durch die Annahme der lateinischen statt der arabischen Schrift 1928. Mit dem Experiment der Gründung einer *Ilăhiyat Fakültesi*, einer islamisch-theologischen Fakultät in Ankara im Jahre 1949, wurde ein verheißungsvoller Anfang zur Ausbildung von Religionslehrern und Predigern gemacht, in deren Verlauf neben den klassischen islamischen Wissenschaften auch moderne Fächer wie Religionsgeschichte, Soziologie u.a. gelehrt werden. Es gibt in anderen Ländern kaum etwas Vergleichbares. In Pakistan, wo vor allem in den letzten zehn Jahren die Zahl der religiösen Schulen stark angewachsen ist, stehen liberale, mystische und fundamentalistische Ausprägungen des Islam nebeneinander, während man im säkularisierten Indien eine gewisse Neigung zum Sufismus bemerken kann, die vielleicht der dortigen muslimischen Minderheit von mehr als 100 Millionen Menschen in ihrer schwierigen Lage Trost spendet. In Ägypten hat das Pendel hin und her geschwungen: die Unterdrückung der Muslim-Brüder einerseits, eine zunehmende Rückwendung zum Islam in letzter Zeit andererseits können erwähnt werden. Die Muslim-Brüder haben das Ideal der Einheit von Religion und Staat in ihrem Schlagwort ausgedrückt, dass für sie Islam »Glaube und Gottesdienst, Vaterland und Volkstum, Religion und Staat, Geistigkeit und Aktivität, Koran und Schwert« ist – diese Formulierung könnte auch von anderen »Fundamentalisten« verwendet werden.

Der Umschwung Irans von einer durch die Pahlavi-Dynastie geförderten, ja vorangejagten Verwestlichung in einen Staat strengster schiitischer Prägung hat die meisten Beobachter überrascht; doch darf man nie vergessen, dass die breiten Massen in fast allen islamischen Ländern einer übertriebenen Modernisierung skeptisch gegenübergestanden haben und noch stehen. Als theoretische Basis für das neue Iran kann man die Werke 'Alī Šarī'atīs heranziehen, der gewisse Gedanken Iqbāls ausgearbeitet hat (während Iqbāl von den Wahhabiten Arabiens weitgehend abgelehnt wird).

Das Aufkommen des »Fundamentalismus« ist im Grunde verständlich: Einerseits scheinen alle überkommenen Werte ihren Sinn verloren zu haben (der Einfluss westlicher Filme und Videos darf keineswegs unterschätzt werden), und man sieht den Schutz gegen die Zerrbilder, die von der westlichen Zivilisation ausgehen, in der Rückkehr zu den altehrwürdigen Zeiten des Propheten. Außerdem waren die bürgerlich-liberalen Ideen nie zwingend formuliert worden, und man machte in vielen islamischen Staaten die Erfahrung, dass weder Liberalismus noch Sozialismus die neuen Probleme lösen konnten. So blieb die islamische Vergangenheit und das sichere Netzwerk islamischer Vorschriften als Rettung. Man darf auch nicht übersehen, dass es kein entsprechendes Wort für »Säkularismus« gibt; die häufig verwendete Übersetzung *lā dīnī* bedeutet »religionslos« und hat daher einen negativen Klang.

Dass es bei den Versuchen, den Islam mit moderner Zivilisation zu vereinbaren, auch solche gegeben hat, die den Propheten als Sozialisten, ja geradezu als Marxisten darstellen, sei am Rande erwähnt.

Ein wichtiges Problem für den »Fundamentalismus« ist die Stellung der Frau. Kann man sie streng abgeschlossen halten? In vielen islamischen Ländern gab und gibt es einen beachtlichen Prozentsatz an Akademikerinnen und Dozentinnen, auch Politikerinnen, und zur Zeit bemühen sich – etwa in Pakistan – Juristinnen darum, ihren Geschlechtsgenossinnen ihre im Gesetz verankerten Rechte klarzumachen. In Saudiarabien hat man das Problem zunächst dadurch gelöst, dass Fakultäten für Frauen bestehen und dass es z. B. nur von Frauen geleitete Banken gibt.

Die Frage des *Islamic Banking* hat bekanntlich in den letzten Jahren viel Diskussionsstoff geliefert, da der Koran Zinsnehmen verbietet. Ob man dies Verbot nur auf Wucherzinsen bezieht, wie manche Modernisten, oder zu anderen (und offenbar wirksamen) Wegen findet, im internationalen Geschäft mitzuarbeiten, ist eine Frage der Auslegung.

Die Anzahl der an westlichen Universitäten studierenden muslimischen Frauen ist erstaunlich hoch, und die Tatsache, dass Pakistan eine junge, westlich erzogene Ministerpräsidentin hatte, zeigt, dass es – trotz des Widerstandes der orthodoxen Kreise – durchaus Möglichkeiten für Frauen gibt. Freilich ist bei den Musliminnen im Westen, auch und gerade bei Konvertiten, eine zunehmende Neigung zur Orthodoxie bemerkbar; besonders in der Diaspora möchte man sich mit den eigenen Idealen identifizieren, und so tragen mehr und mehr Mädchen (zumindest in Amerika) *ḥiğāb*, das jedes Haar bedeckende Kopftuch, und einen langen Mantel.

Der Zustrom von Einwanderern aus muslimischen Ländern in Europa hält an, seien es die türkischen Gastarbeiter oder indo-pakistanische Einwanderer in England, und damit wachsen die Probleme. Zahlreiche Moscheen oder zumindest Gebetsräume entstehen – allein in London gibt es mehr als 800 Moscheen! Die Frage des Religionsunterrichts für Türkenkinder in Deutschland, für nordafrikanische in Frankreich, indo-pakistanische in England muss gründlich durchdacht werden; die Lehrkräfte müssen zumindest etwas über die Kultur des Islam wissen. Dazu kommen Fragen der Diät (nur rituell geschlachetes Fleisch!) und vieles andere. Vor allem aber gilt es, der jungen Generation etwas von ihrem kulturellen Erbe nahezubringen – so werden in Nordamerika Sommer-Camps abgehalten, in denen die Kinder, wie auch in Sonntagsschulen, etwas von ihrer Tradition erfahren.

Zu den besonders aktiven Gruppen in den USA gehören die Black Muslims, die sich, nach anfänglichen Komplikationen, mehr und mehr dem traditionellen Islam anzugleichen streben; ein interessantes Phänomen ist, dass sie etwa in manchen Städten, wie Washington und Houston, durch ihre missionarische Arbeit in Gefängnissen erfolgreicher in der Drogenbekämpfung sind als die Polizei.

Den zur Zeit so stark hervortretenden »fundamentalistischen« Strömungen ist eines gemeinsam: sie sprechen wenig von den mystischen und echt »religiösen« Inhalten des Koran, sondern betonen die rechtliche, gesetzliche Seite; ja, es gibt eine regelrechte Neigung zur Entmythologisierung. Soziale und politische Fragen stehen im Vordergrund, das Mysterium wird oft ausgeklammert.

Ein Gegenbeispiel ist jedoch die Aktivität der Sufi-Bruderschaften. Gerade in den letzten Jahrzehnten haben die verschiedensten »Orden« eine große Anziehungskraft für Europäer und Amerikaner bewiesen, selbst wenn (oder vielleicht weil?) manche dieser Gruppen schon ziemlich weit vom orthodoxen Islam entfernt sind und sich mit *Sufi dance* und ähnlichen, nicht gerade typisch »islamischen« Andachtsformen befassen. Daneben gibt es jedoch auch eine Reihe traditioneller Bruderschaften, unter denen die nordafrikanische Darqāwiyya, ein Zweig der Šādhiliyya, eine ganze Anzahl von Anhängern unter gebildeten Europäern und Amerikanern hat. Auch ist eine rasche Zunahme der Versammlungsstätten, *khānqāh*, des persischen Niʿmatullāhī-Ordens in Europa und den USA zu bemerken. Manche dieser Zentren üben eine reiche publizistische Tätigkeit aus, durch die der Sufismus und der Islam im allgemeinen (oft durch Übersetzungen klassischer Werke) einem weiteren Publikum zugänglich gemacht werden sollen. Nicht zu vergessen ist auch, dass eine wachsende Anzahl von muslimischen Gelehrten aus aller Welt an westlichen, besonders amerikanischen Universitäten lehrt.

Dadurch ergeben sich aber neue Probleme, wie das des »islamgerechten« Lebens in der Diaspora. Die Muslime, die in zahlreichen Staaten eine zahlenmäßige Minderheit darstellen, haben oftmals ein gespanntes Verhältnis zu der – gelegentlich nur wenig stärkeren – Mehrheit. Da man glaubt, dass zahlenmäßige Stärke für den Erfolg des Islam wichtig sei, findet man – vor allem in Indien und Zentralasien – großen Kinderreichtum bei muslimischen Familien (obgleich der Islam Geburtenregelung durchaus zulässt).

Die islamische Welt ist in einem Prozess der Wandlung begriffen, und es ist unmöglich, genaue Prognosen über ihre zukünftige Rolle zu stellen. Man darf vielleicht in diesem Zusammenhang an das von den Modernisten immer wieder zitierte Wort des Koran erinnern: »Wahrlich, Gott ändert nicht das Geschick eines Volkes, solange dieses Volk sich nicht ändert« (Sure 13,10).

Man kann nur hoffen, dass der dynamische Islam, den Männer wie Iqbāl predigen, den Völkern neue Impulse gibt. Denn wie ändert sich der Mensch? Indem er sich der Führung Gottes anvertraut, der sich im Wort des Koran geoffenbart hat, und aus der Gleichförmigkeit mit dem göttlichen Willen heraus schafft, jederzeit bereit, die Allherrschaft und Unbegreiflichkeit Gottes anzuerkennen und zu loben:

> »Er ist Gott, außer dem es keinen Gott gibt, der Kenner des Unsichtbaren und des Sichtbaren! Er ist der Allerbarmer, der Allbarmherzige. Er ist Gott, außer dem es keinen Gott gibt, der König, der Heilige, der Friedensspender, der Getreue, der Beschützer, der Allmächtige, der Starke, der Hocherhabene!
> Preis sei Gott (erhaben ist Er) ob dem, was sie Ihm zugesellen. Er ist Gott, der Erschaffer, der Bildner! Sein sind die schönsten Namen! Ihn preiset, was in den Himmeln und auf Erden ist, und Er ist der Allmächtige, der Weise!« (Sure 59,23–24)

Zur Aussprache

Die Umschrift richtet sich im allgemeinen nach den Regeln der Deutschen Morgenländischen Gesellschaft.

ğ ist als *dsch* auszusprechen, *š* als *sch.*

In einzelnen Fällen haben wir die angelsächsische Umschrift gewählt, so im Falle des (offiziell als *ḫ* umschriebenen) *kh,* das ist ein hartes *ch* wie in *ach.* In Wörtern aus dem indischen Bereich, wie *Panjab,* ist die normale angelsächsische Umschrift mit *j* statt *dsch* bzw. *ğ* beibehalten.

Bei der Umschrift zusammengesetzter Namen, wie *Ṣalāḥuddīn,* haben wir die u*d-dīn*-Form gewählt, obgleich *Ṣalāḥ*addīn ebenso gut möglich ist.

Der Leser möge sich durch diese Diskrepanzen nicht stören lassen.

Ausgewählte Bibliographie

Die Literatur über den Islam ist in den letzten Jahrzehnten stark angeschwollen, und zwar sowohl durch von Muslimen verfasste Werke als auch durch soziologische Studien, Untersuchungen zu spezifischen Fragen und Entwicklungen und Arbeiten zur Kunst- und Musikgeschichte. Hier können nur wenige Werke aufgezählt werden.

Encyclopaedia of Islam, 4 Bde. Leiden 1906–37. Leiden 1954 ff. [Neuausg. i. Ersch.]

Handwörterbuch des Islam. Hrsg. von A. J. Wensinck und J. H. Kramers, Leiden 1941.

Lexikon der islamischen Welt. Hrsg. von Klaus Kreiser, Werner Diem und Hans Georg Majer. 3 Bde. Stuttgart [u. a.] 1974.

Einführungen in den Koran

Arberry, Arthur J.: The Koran interpreted. 2 Bde. London 1955. New York 1955.

Bell's Introduction to the Qur'an. Completely revised and enlarged by W. Montgomery Watt. Edinburgh 1970.

Le Coran. Traduction intégrale et notes de Muhammad Hamidullah. Paris 1959.

Le Coran. Traduction nouvelle par Regis Blachère. 3 Bde. Paris 1947–51.

Der Koran. Übers. von Max Henning. Einl. und Anm. von Annemarie Schimmel. Stuttgart 1960 [u. ö.]. (Reclams Universal-Bibliothek. 4206 [6].)

Der Koran. Übers. von Rudi Paret. 2 Bde. Bd. 1: Übersetzung. Stuttgart [u. a.] 1962. 2., verb. Aufl. 1982. Bd. 2: Kommentar und Konkordanz. Stuttgart [u. a.] 1971. 2., verb. Aufl. 1977.

Der Koran. Übers. von Friedrich Rückert. Aus dem Nachlaß hrsg. von August Müller. Berlin 1888. Repr. Hildesheim 1980.

Nagel, Tilman: Der Koran. Einführung, Texte, Erläuterungen. München 1983.

Pickthall, Marmaduke: The Meaning of the Glorious Koran. New York 1953 [u. ö.].
Yusuf Ali, A.: The Holy Quran. New edition. Lahore 1977.

Zur Geschichte und zum Wesen des Islam

Ali, Syed Ameer: The Spirit of Islam. Durchges. Ausg. London 1922 [u. ö.].
Andrae, Tor: Muhammad. Göttingen 1932.
– Die Person Muhammads in Glaube und Lehre seiner Gemeinde. Stockholm 1918.
Arberry, Arthur J.: Aspects of Islamic Civilization. Ann Arbor 1967.
– (Hrsg.): Religion in the Middle East. 2 Bde. Cambridge 1969.
Arnold, Sir Thomas: The Preaching of Islam. London 1898 [u. ö.].
Bausani, Alessandro: Persia Religiosa. Mailand 1959.
Bousquet, Georges-Henri (Hrsg.): al-Ghazālī. Ih'ya 'ouloum ed-din ou Vivification des sciences de la foi. Analyse et index avec la collaboration d'un groupe d'arabisantes et d'arabisants. Paris 1955.
– Les grandes pratiques rituelles de l'Islam. Paris 1949.
Buhl, Frants P. W.: Das Leben Muhammeds. Übers. von Hans Heinrich Schaeder. Leipzig 1930. 2., unveränd. Aufl. Heidelberg 1955.
Calverley, Edwin Elliott: Worship in Islam. London 1947. Durchges. Ausg. 1957.
Chittick, William: The Sufi Path of Knowledge: Ibn 'Arabi. Albany. N. Y., 1989.
Corbin, Henry: L'homme de lumière dans le soufisme iranien. Paris 1971. Dt.: Die smaragdene Vision. Der Licht-Mensch im iranischen Sufismus. Übers. von Annemarie Schimmel. München 1989.
Cragg, Kenneth: The Call of the Minaret. New York 1956. [Alle Bücher von Kenneth Cragg sind anregend und interessant.]
Donaldson, Dwight M.: The Shiite Religion. London 1933.
Eaton, Richard LeGai: Islam. Köln 1987.
Ende, Werner / Steinbach, Udo (Hrsg.): Der Islam in der Gegenwart. 2. Aufl. München 1989.
Esposito, John: Islam. The Straight Path. New York 1988.

Ettinghausen, Richard: Islamic Art and Archaeology. Collected papers. Prepared and ed. by Myriam Rosen-Ayalon. Berlin 1984.
Friedmann, Yohanan: Prophecy continuous. Aspects of Ahmadi religious thought and its medieval background. Berkeley 1989.
Gardet, Louis / Anawati, C. G.: Introduction à la théologie musulmane. Paris 1948.
Gaudefroy-Demombynes, Jean: La pélérinage à la Mekke. Paris 1923.
Geertz, Clifford: Islam Observed. New Haven 1968.
Gerholm, Tomas / Lithman, Yngve Georg (Hrsg.): The New Islamic Presence in Western Europe. London / New York 1988.
Gibb, Sir Hamilton A. R.: Mohammedanism. London / New York / Toronto 1953.
Goldziher, Ignaz: Muhammedanische Studien. 2 Bde. Halle 1889–1899. Repr. Hildesheim 1961.
– Vorlesungen über den Islam. Heidelberg 1910 [u. ö.].
Gramlich, Richard: Die schiitischen Derwischorden Persiens. 3 Bde. Wiesbaden 1965–80.
– Die Wunder der Freunde Gottes. Theologien und Erscheinungsformen des islamischen Heiligenwunders. Stuttgart 1987. (Freiburger Islamstudien. 11.)
Grunebaum, Gustave E. von: Der Islam im Mittelalter. Zürich 1962.
Haarmann, Ulrich (Hrsg.): Geschichte der arabischen Welt. München 1987.
Halm, Heinz: Die islamische Gnosis. Die extreme Schia und die Alawiten. Zürich/München 1982.
– Die Schia. Darmstadt 1988.
Hamidullah, Muhammad: Le Prophète de l'Islam. 2 Bde. Paris 1959.
Hartmann, Richard: Die Religion des Islam. Eine Einführung. Berlin 1944. Repr. Darmstadt 1987.
Hodgson, Marshall: The Venture of Islam. 3 Bde. Chicago 1975.
Husain, Freda (Hrsg.): Muslim Women. New York 1984.
Ibn Isḥāq, Muhammad: Das Leben Mohammeds. Übers. von Gernot Rotter. Tübingen 1976.
Jäschke, Gotthard: Der Islam in der neuen Türkei. Leiden 1951.

Juynboll, Theodor W.: Handbuch des islamischen Gesetzes. Leiden 1910.
Keddie, Nikki R. (Hrsg.): Scholars, Saints and Sufis. Muslim religious institutions since 1500. Berkeley 1972.
Lewis, Bernard (Hrsg.): Islam and the Arab World. New York 1976.
MacCarthy, Richard: The Theology of al-Ash'arī. Cambridge/Toronto 1953.
– Freedom and Fulfillment. Boston 1978. [Übers. verschiedener Schriften al-Ghazzālīs.]
Martin, Richard C. (Hrsg.): Islam in local contexts. Leiden 1982.
Massignon, Louis: La Passion d'al-Ḥosayn Ibn Mansûr al-Hallaj, martyre mystique de l'Islam. 2 Bde. Paris 1922. Neuausg. 4 Bde. Paris 1975. – Engl.: Al-Hallāj. Princeton 1982.
Meier, Fritz: Abu Sa'īd-i Abū l-Ḫair. Wirklichkeit und Legende. Leiden 1976.
– Die Fawā'iḥ al-ǧamal wa fawātiḥ al-ǧalāl des Naǧm ud-dīn al-Kubrā. Wiesbaden 1957.
Molé, Marijan: Les mystiques musulmans. Paris 1965. (Mythes et religions. 54.)
Morgan, Kenneth (Hrsg.): Islam. The Straight Path. Islam interpreted by Muslims. New York 1958.
Nagel, Tilman: Rechtleitung und Kalifat. Bonn 1975.
Nasr, Sayyid Hoseyn: Islam, Ideals and Realities. London 1966.
Nicholson, Reynold A.: Studies in Islamic Mysticism. Cambridge 1921.
Nöldeke, Theodor: Geschichte des Korans. Leipzig 1860. 2. Aufl. hrsg. von Friedrich Schwally, mit Erg. von Gotthelf Bergsträsser und Otto Pretzl. 2 Bde. Leipzig 1909–38. Repr. Hildesheim 1961.
Padwick, Constance E.: Muslim Devotions. London 1960.
Popovič, Alexandre / Veinstein, Gilles (Hrsg.): Les ordres mystiques dans l'Islam. Cheminements et situation actuelle. Paris 1986. (Recherches d'histoire et de sciences sociales. 13.)
Rahman, Fazlur: Islam. London 1966.
Ritter, Helmut: Das Meer der Seele. Mensch, Welt und Gott in den Geschichten des Farīd ud-dīn 'Aṭṭar. Leiden 1955.

Schacht, Joseph: The Origins of Muhammadan Jurisprudence. Oxford 1950.

Schimmel, Annemarie: Gabriel's Wing. A study into the religious ideas of Sir Muhammad Iqbal. Leiden 1963. Lahore 1989.

– Mystische Dimensionen des Islam. Köln 1986.

– The Triumphal Sun. A Study of Mowlana Jalaloddin Rumi's work. London / Den Haag 1977.

– Calligraphy and Islamic Culture. New York 1984. 1989.

– Und Muhammad ist Sein Prophet. Düsseldorf/Köln 1981. 1989. – Erw. engl. Ausg.: And Muhammad is His Messenger. Chapel Hill 1986.

Smith, W. Cantwell: Islam in Modern History, Princeton 1957.

Trimingham, J. Spencer: The Sufi Orders in Islam. Oxford 1971.

Waardenburg, Jacques (Hrsg.): Islam, ideal en werkelijkheid. Antwerpen 1984. [Mit ausgezeichneter weiterführender Bibliographie.]

Walther, Wiebke: Die Frau im Islam. Stuttgart [u. a.] 1980.

Watt, W. Montgomery: Muhammad. Prophet and Statesman. London 1964. Repr. 1969.

– [u. a.] (Hrsg.): Islam. Stuttgart [u. a.] 1980–90. (Die Religionen der Menschheit. 25,1–3.)

Wensinck, Arent Jan: A Handbook of Early Muhammadan Tradition. Leiden 1927.

Register

I. Personennamen, Ortsnamen, Völker, Religionsgemeinschaften, Sprachen

II. Fachausdrücke

III. Koranische Referenzen